Litschke
**Erziehen mit
Herz & Bauchgefühl**

Für Leopold

Wiebke M. Litschke ist studierte Pädagogin und Mutter eines „besonderen" Kindes. Seit der Geburt ihres Sohnes, der einfach in keine Schublade oder Phase passen möchte, verlässt sie sich nicht auf klassische Erziehungsschemen, sondern auf ihr Bauchgefühl. Da dies ihrem Familienalltag trotz zahlreicher Herausforderungen sehr guttut, ist sie überzeugt, dass etwas mehr Intuition vielen Eltern helfen würde, das Leben mit Kindern entspannter und gelassener anzugehen. Nach Stationen in Seoul und Rom lebt und arbeitet sie als selbstständige Journalistin und Texterin mit Mann und Sohn in ihrer Heimatstadt nahe Bremen.

Wiebke M. Litschke

Erziehen mit Herz & Bauchgefühl

Wie Eltern sicher und intuitiv
ihren eigenen Weg finden

Verlass dich auf dein Bauchgefühl! *6*

Intuition – warum und wozu? *11*

Eine Frage der Wahrnehmung *11*
Erfahrung + Erfahrung = Intuition *12*
Achtung: Täuschungsgefahr *13*
Kopf, Herz und Bauchgefühl *14*
Einfach besser, einfach intuitiv *19*

Vorteile einer intuitiven Erziehung *23*

Mehr Zuverlässigkeit *24*
Mehr Flexibilität *27*
Mehr Freiheit *30*
Mehr Authentizität *32*
Mehr Harmonie *36*

Der Weg zu mehr Intuition *41*

Bauchgefühle, die jeder kennt *41*
Bye-bye (schlechte) Gewohnheiten! *43*
Erste Schritte zu mehr Intuition *44*
Intuition finden *55*
Intuitionen entwickeln *64*
Intuition festigen *69*
Intuition benutzen *76*
Die hohe Kunst der spirituellen Intuition *84*
Special: Mein intuitives Kind *90*

Intuitiv erziehen – aber wie? *97*

Beobachten: sehen und gesehen werden *98*
Stabilität: zuverlässiges Miteinander *105*
Kommunikation: das Kind verstehen *115*
Kreativität: individuelle Lösungen finden *121*
Zeit: das eigene Tempo finden *127*
Probieren: lernen durch Erfahrung *134*
Aktion – Reaktion: mit dem Kind arbeiten *140*

Die Kraft des Herzens *151*

Eine Frage der Balance *151*
Herzentscheidungen für Herzensmenschen *152*
Schlau ist, wer auf sein Herz hört *153*
Herzkraft aktivieren *153*
Team statt Gegenspieler *156*

Nie wieder Ratgeber *159*

Intuition oder Ratgeber? *159*
Kopf und Bauchgefühl gehören zusammen *161*
Intuitive Eltern *163*

Stichwortverzeichnis *166*

Verlass dich auf dein Bauchgefühl!

Eltern wollen stets das Beste für ihre Kinder. Doch was ist eigentlich das Beste? Und wer weiß es wirklich am besten? Können Fremde und Außenstehende auch nur im Geringsten erahnen, was tatsächlich gut für unser Kind ist und was es braucht? Oder sollten wir lieber bei uns selbst, unseren Kindern, unseren Familien und unseren Gefühlen bleiben?

»Verlass dich auf dein Bauchgefühl! Hör auf deine innere Stimme! Glaub an dich!« – es gibt eine Reihe von Möglichkeiten zu sagen, dass wir intuitiver sein sollen. Solche Sätze bekommen Eltern ständig zu hören und ganz sicher sind sie auch gut gemeint, doch ganz so einfach ist es leider nicht mit der Erziehung und dem Bauchgefühl.

Denn in unserer Gesellschaft ist kaum jemand wirklich intuitiv und traut sich, auf sein Bauchgefühl zu hören. Entscheidungen im Alltag – und damit auch in Erziehungsfragen – werden rational und nicht emotional getroffen. Aber warum ist es so schwierig, seiner Intuition zu vertrauen? Ganz einfach: Wir lernen es erst gar nicht. Intuition und ihre Entwicklung spielen in der westlichen Erziehung kaum noch eine Rolle. Von klein auf wird uns vermittelt, dass wir Dinge und wie sie funktionieren, verstehen müssen. Wissen ist Macht.

Dabei sind Wissen und Information nicht die einzigen Faktoren, die unsere Entscheidungen beeinflussen. Auch wenn wir sie deutlich schlechter erklären können, spielen auch unsere Gefühle und Emotionen eine wichtige Rolle – wenn wir sie nur zulassen. Jeder Mensch hat nicht nur eine vernunftgesteuerte Kopfstimme in sich, sondern auch eine Bauch- und eine Herzstimme. Doch unsere Bauchstimme ist viel leiser als die Kopfstimme. Sie wird übertönt von Angst, Pessimismus, äußeren Einflüssen und Gewohnheiten. So sehr, dass wir sie kaum noch hören können oder sie schlimmstenfalls komplett verstummt.

Ein intuitives Leben macht mehr Freude, weil man mit sich und seinen Entscheidungen mehr im Reinen ist. Unsere Intuition gibt uns Klarheit über uns selbst, darüber, was wir wollen und wo wir im Leben stehen. Wir erkennen, wer wir waren, bevor uns andere sagten, wer wir sein sollen. Wir selbst zu sein und uns selbst treu zu bleiben, hilft uns in vielen Lebenslagen. Wenn es um unsere eigenen Kinder, deren Erziehung und Entwicklung geht, können uns Bauch- und Herzentscheidungen den Druck zu versagen nehmen.

——— **Jedes Kind ist einzigartig und so sollte auch Erziehung sein.** ———

»Erziehen mit Herz und Bauchgefühl« ist ein Appell für mehr Gespür im Alltag – für uns und für unsere Kinder. Wenn wir es zulassen, kann Eltern-Intuition ein kompetenter Ratgeber und zuverlässiger Wegweiser sein, um sich selbst und seinen Kindern in jedem Alter gerecht zu werden – und nicht den Erwartungen der Umwelt. Eltern hilft es herzlich wenig, fremde Erziehungsstile und -ideale zu kopieren, wenn sie nicht wissen, warum, und überzeugt sind von dem, was sie tun. Erst durch eine stabile, innere Überzeugung werden Eltern zu authentischen Bezugspersonen für ihre Kinder.

Als eine Art GPS unserer Seele hilft uns unsere Intuition dabei, jedes Kind in seiner Einzigartigkeit zu begreifen. Hier steht das Kind als Individuum im Mittelpunkt. Schau nicht nach rechts und links, wie es andere tun, sondern finde deinen eigenen Weg. Aus der Beziehung zu deinem Kind und der liebevollen und ernsthaften Auseinandersetzung mit ihm ergibt sich ein inneres Verstehen. Der Weg zu einem harmonischen, gemeinsamen Familienleben steht offen.

In meiner Familie mussten wir »aus der Not heraus« unseren eigenen Weg finden. Unser Sohn war ein Frühchen und schnell stellte sich heraus, dass er Entwicklungsprobleme in fast jedem Bereich (Größenwachstum, Sprachentwicklung, Motorik) hatte. Erst im Alter von vier Jahren wurde ein sehr seltener Gendefekt bei ihm diagnostiziert. Es half uns nicht zu schauen, wie Freunde ihre Kinder erzogen. Auch Erziehungsratgeber brachten uns nicht weiter, weil diese Kinder oft in verschiedenen Entwicklungsphasen betrachten. Doch unser Sohn hielt sich nicht an solche Phasen. Für viele dieser Phasen brauchte er länger, andere übersprang er einfach. Also beobachteten wir ihn. Wir schauten, was er kann und was er braucht. Wir fanden Lösungen, die zu seiner Entwicklung passten. Wir verließen uns auf unser Bauchgefühl.

Daraus entstand die Idee zu diesem Buch. Denn für mehr Bauchgefühl in der Erziehung braucht es keine besondere Situation wie die unsere. Jedes Kind ist einzigartig und so sollte auch Erziehung sein. Leider verlassen sich heutzutage viel zu wenige Eltern auf ihre Intuition. Mit dem positiven Schwangerschaftstest beginnt das Wälzen und Durchforsten von Büchern, Ratgebern und Internet. Ängste und Sorgen werden hier perfekt bedient und geschürt. Man muss nur lang genug suchen, dann findet man auch ein Problem.

Eltern-Intuition kann ein Weg aus diesem Teufelskreis sein. Erfahre, warum mehr Bauchgefühl in der Erziehung so hilfreich ist, was die Intuition hemmt und wie du sie für dein Familienleben wiederfinden kannst. Jeder kann seine Intuition stärken und in der Erziehung seiner Kinder einsetzen. Wenn wir das Vertrauen in unsere Intuition stärken, sie im Alltag einsetzen und ihr mehr Raum geben, dann können wir nur gewinnen. Wir fühlen uns nicht mehr macht- und hilflos, sondern schaffen individuelle und situationsgetreue Lösungen.

Damit ist »Erziehen mit Herz und Bauchgefühl« kein klassischer Erziehungsratgeber. Für die Kindererziehung gibt es keine allgemein gültige Anleitung und auch kein Patentrezept. Eltern brauchen nicht noch mehr Regeln, sondern mehr Intuition. Vertraue mehr auf deine innere Stimme. Dann kannst du bestärkt und mit mehr Leichtigkeit deinen eigenen Weg gehen.

Das Leben mit Kindern ist wunderbar. Genieße es und mache es dir nicht schwerer, als es ist – entdecke deine Intuition.

Wiebke M. Litschke

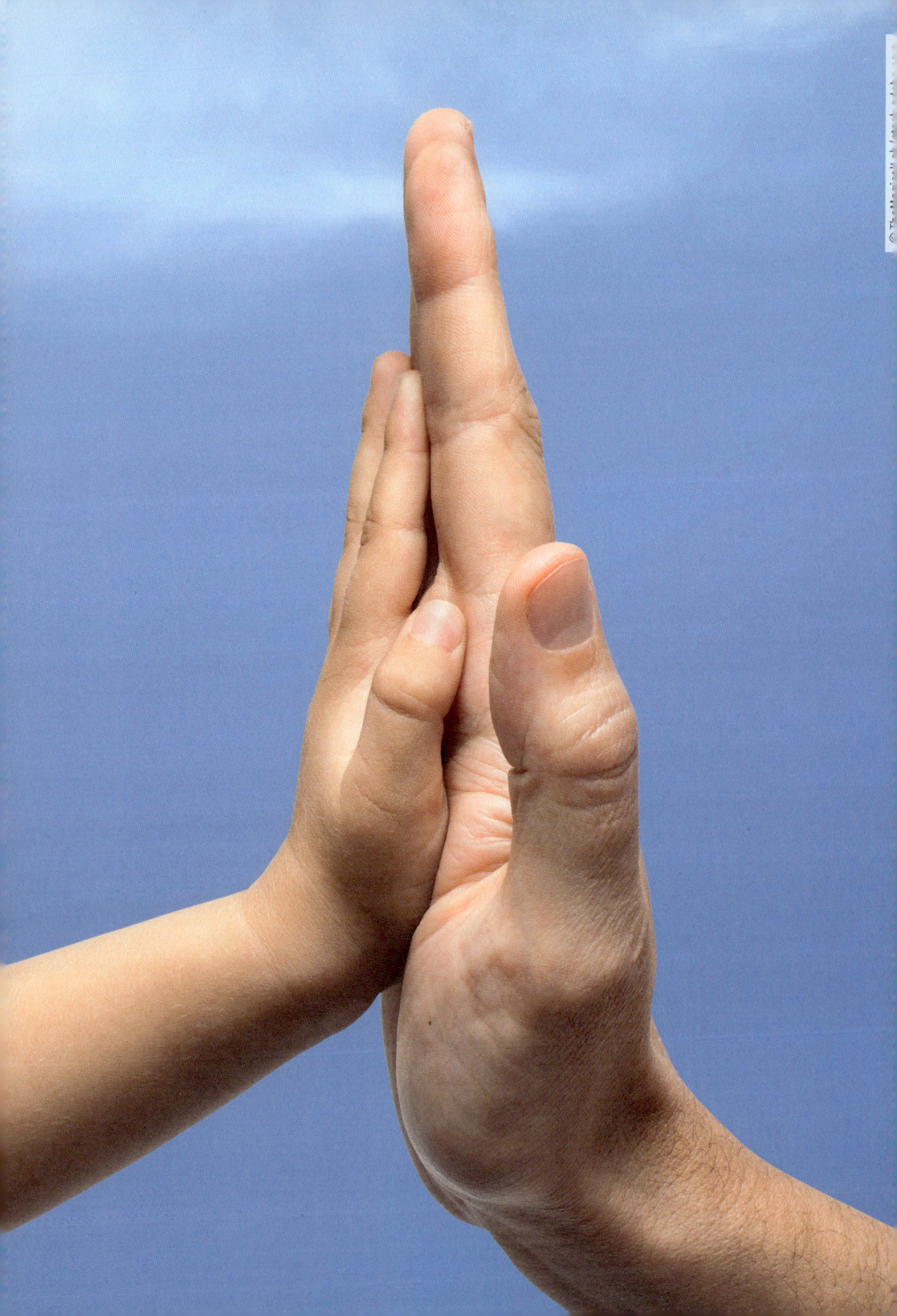

Intuition – warum und wozu?

Jeder kennt sie, jeder hat sie – diese leise Stimme tief im Inneren, die uns zuflüstert, was richtig oder falsch ist, wie wir reagieren können, was wir tun sollen oder wie wir uns entscheiden. Manche hören sie lauter, andere nur ganz leise. Doch diese Stimme ist kein Humbug, nichts Übernatürliches oder Übersinnliches. Ganz im Gegenteil.

Eine Frage der Wahrnehmung

Jede Sekunde prasseln unzählige Sinneseindrücke auf uns ein. Wir riechen, sehen, fühlen, hören und schmecken. Doch nur einen Bruchteil davon kann unser Gehirn bewusst und direkt verarbeiten. Alles andere wird an unser Unterbewusstsein weitergeleitet. Dabei verschwindet es nicht irgendwo im Nirwana, sondern wird weiterverarbeitet und ist weiterhin abrufbar – aber eben unterbewusst.

Das Wort »Intuition« kommt von dem lateinischen Wort »intueri«, was so viel bedeutet wie »anschauen«, »betrachten« und »erwägen«. Diese Übersetzungen beschreiben treffend den Prozess der unbewussten Verarbeitung von Informationen. Durch unsere Intuition können wir die Flut von Wahrnehmungen und ebenso komplexe Sachverhalte als Ganzes erkennen.

> **—— Unser Gehirn arbeitet und lernt auch, wenn wir ihm nicht dabei zuschauen. ——**

Oft bemerken wir gar nicht, wie sehr uns ein Problem beschäftigt. Es schlummert in uns, es brodelt so lange vor sich hin, bis wir die Antwort finden – manchmal sogar, ohne die Frage vorher zu kennen. Ohne dass wir es merken, läuft in uns der Prozess der Intuition ab. Wir finden Lösungen und Antworten, auch wenn wir uns nur unterbewusst intensiv mit einem Problem beschäftigen, statt ausgiebig darüber zu grübeln.

Erfahrung + Erfahrung = Intuition

So kann Intuition als gefühltes Wissen beschrieben werden, als unser Erfahrungswissen, das durch die Summe unserer Erfahrungen genährt wird. Unbewusst greifen wir bei unseren Entscheidungen auf ein riesiges Repertoire von Erlebnissen und Erinnerungen zurück.

Wir füllen Informationslücken indirekt und unbewusst mit Wissen. Wir entwickeln einfache Denkstrategien für effiziente Problemlösungen, sogenannte Faustregeln, die auf unser gespeichertes Wissen zurückgreifen und daraus Schlüsse ziehen. Dadurch können wir Dinge spüren, sie aber nicht erklären und begründen, obwohl wir ein klares und ruhiges Gefühl des Wissens haben.

Achtung: Täuschungsgefahr

Doch unsere Erinnerung ist trügerisch: Sie kann uns auch täuschen und in die Irre führen. So beeindruckend unser Erfahrungswissen auch ist, es birgt die Gefahr, mit dem kollektiven Unbewussten verwechselt zu werden oder zu verschmelzen: Konventionen, Muster, Gewohnheiten und gesellschaftlicher Druck können sich täuschend echt wie Erinnerungen und Erfahrungen anfühlen. Sie werden verinnerlicht, unbewusst angewendet und nur selten reflektiert, weil wir »es schon immer so gemacht haben«.

Solche (durch Fremdeinwirkung) erlernten Denkprozesse sind eher selten auch unsere eigenen Gedanken. Umso wichtiger ist es, sein vermeintliches Bauchgefühl hin und wieder kritisch zu hinterfragen. Denn Gewohnheiten und äußere Einflüsse haben ebenfalls Auswirkungen auf unsere Intuition. Deshalb gilt es, durch gezieltes Training Abstand zu gewinnen und sich zu fragen, ob es wirklich das ist, was man tief in sich möchte, oder ob einem die Entscheidung durch Konventionen diktiert wurde.

Die Grenzen sind in vielen Fällen weich und gehen unscharf ineinander über. Gewohnheiten müssen gar nichts Schlechtes sein, sondern können sich auch als sehr hilfreich erweisen. Schließlich gibt es auch Gewohnheiten, die wir aus Überzeugung gutheißen. Umso wichtiger ist es, ehrlich und offen in sich hineinzuhorchen.

Verblüffend ist, dass wir mit unserer Intuition oft richtigliegen. Entscheidungen durch Erfahrung sind oft die besseren – sogar in komplexen Situationen. Denn unser Unterbewusstsein ist in der Lage, weitaus mehr Informationen zu scannen als das Bewusstsein. Unser Bewusstsein ist zwar sehr präzise, ist aber mit vielen Informationen schnell überfordert, wenn sie eine bestimmte Anzahl übersteigen. Ein kleines Beispiel: Wer schon einmal länger darüber nachgedacht hat, wie ein bestimmtes Wort orthografisch korrekt geschrieben wird, hat es am Ende garantiert falsch geschrieben. Der erste Impuls ist meistens der richtige. Danach fangen wir an, uns zu »verschlimmbessern«.

Kopf, Herz und Bauchgefühl

Jeder Mensch trägt drei Entscheidungszentren in sich: den Kopf, das Herz und sein Bauchgefühl. Holen wir uns vorab zahlreiche Informationen ein und prüfen gründlich, ob eine Entscheidung richtig ist, dann ist unser Kopf im Einsatz. Entscheidungen, die wir so treffen, sind bestenfalls validier- und wiederholbar.

Wir können aber auch aus unserem Gefühl heraus entscheiden. Bei diesen Entscheidungen gibt es kein Richtig und kein Falsch, sondern nur ein gutes oder schlechtes Gefühl. Zentrum für Gefühlsentscheidungen sind unser Bauch und unser Herz.

Der Kopfweg ist nicht nur lang, sondern auch langsam. Er führt mit Hilfe von Logik und Argumenten ans Ziel. Die Bauchentscheidung hingegen ist unglaublich schnell, aber im Vergleich wesentlich schwerer be- und ergründbar. Für sie gibt es keinen eindeutigen Plan, kein Navi, das uns offensichtlich und nachvollziehbar hindurchführt. Dieser Weg ist dunkel und schwer zu erklären – denn er führt über das Unbewusste, das tief in uns verborgen ist. Dadurch lassen sich intuitive Entscheidungen oft nur schwer verständlich machen, auch wenn dieser Weg ebenso ans Ziel führt. Kreuzen sich diese beiden Wege in der Mitte, kommen sie im Herzen zusammen.

Bauchentscheidungen finden im Kopf statt

Herz und Bauch erscheinen dabei oft als Gegenspieler des Kopfes. Vernunft prallt auf Intuition. Dabei haben die Gegensätze mehr gemein, als wir denken. Denn auch wenn es »Bauchgefühl« und »Herzentscheidung« heißt – getroffen werden sie, wie auch die Vernunftentscheidungen, im Gehirn. Die einen bewusst und analytisch, die anderen unterbewusst.

Ein Sprichwort sagt: Intuition ist Vernunft, die es eilig hat. Damit hat es gar nicht so unrecht. Verantwortlich dafür sind zwei verschiedene Areale in unserem Gehirn: der Neokortex und das limbische System. Unser Gehirn gleicht einer Festplatte, auf der zwei verschiedene Betriebssysteme abgespielt werden können.

- —— Evolutionstechnisch betrachtet ist das System »Neokortex« noch relativ jung. Es hat sich erst in den letzten Tausenden von Jahren entwickelt und ist damit der jüngste Teil der Großhirnrinde. Der Neokortex ist für das analytische, abstrakte und bewusste Denken zuständig.
- —— Das limbische System hingegen ist ein deutlich älterer Teil des Gehirns, das uns seit Millionen von Jahren vor dem Aussterben bewahrt. Hier sitzen der Instinkt und das Bauchgefühl.

Der Instinkt rettet uns vor Gefahren, die Intuition weiß lange vor dem Neokortex, was gut und sicher für uns ist. So hilft uns das limbische System, schnell zu handeln, weil diese Prozesse unterbewusst geschehen. Auch bei großer Komplexität geschieht die Informationsverarbeitung ohne Reflexion und deshalb in Bruchteilen von Sekunden. Das Ergebnis sind dennoch überraschend angemessene Reaktionen. Somit ist ein ungutes Gefühl keine einfache Laune, sondern das limbische System, das sich bemerkbar macht und auf das wir durchaus häufiger einmal hören könnten.

> —— **Intuition ist eher ein Erkenntnisweg als eine instinktive Reaktion.** ——

Auch wenn Instinkt und Intuition beide im limbischen System verankert sind, dürfen sie nicht verwechselt werden. Sie sind komplett verschieden. Unser Instinkt ist tief im Ur-Gehirn verdrahtet und viel emotionaler und reaktiver. Er orientiert sich nach dem Lust-und-Laune-Prinzip sowie nach Sympathie und Antipathie.

Auch Affekte wie Wut, Hass, Scham und Freude sind kurzfristig und sehr emotional geprägt. Ein Affekt zeigt sich durch kurzfristige und starke Gefühlsänderungen, die der betroffenen Person nahezu unkontrollierbar erscheinen. Affekte können sich sogar körperlich äußern, ohne dass diese Äußerungen kontrolliert werden können – und wenn, dann nur mit viel Willenskraft. So lächeln wir zum Beispiel vor Freude, bei Scham erröten wir und bei Wut ballen wir die Fäuste. Wie schwer es ist, ein Pokerface aufzusetzen, wissen wir alle.

Intuition hingegen ist viel neutraler und zeigt sich nur selten durch starke Gefühlsregungen. Die Stimme unserer Intuition ist um so vieles leiser und feiner – und kann daher so leicht überhört werden. Hier geht es mehr um unser tiefstes und innerstes Wissen. Damit ist die Intuition eher ein Erkenntnisweg als ein Affekt oder eine instinktive Reaktion.

Von klein auf intuitiv

Das menschliche Gehirn mit seinen verschiedenen Arealen hat diese Mechanismen entwickelt, um vorrangig das Überleben unserer Art zu sichern und nicht, um wissenschaftliche Erkenntnisse zu produzieren. Intuitiv zu entscheiden, liegt damit in der Natur des Menschen. Es gibt Kulturen, die haben ein tiefes Vertrauen zu ihrem inneren Wissen. In der westlichen Welt aber haben wir es verlernt, unserem Bauchgefühl zu vertrauen.

Viele Bereiche des menschlichen Gehirns sind keiner Sprache mächtig, dennoch sind in diesen Arealen unzählige Informationen gespeichert. Durch feinsinnige Beobachtung und das Erfassen von Situationen bauen wir nichtsprachliches Wissen auf. Würden wir nur das anerkennen, was wir sprachlich begründen können, ginge viel verloren. Zum Glück funktioniert unser Gehirn so, dass es unbewusst auf nichtversprachlichte Informationen zurückgreifen kann.

Hinsichtlich der Intuition können wir vieles von unseren Kindern lernen. Kinder wägen kein Für und Wider ab, sie denken nicht über

Konsequenzen nach, sie zermartern sich nicht das Hirn. Sie leben im Moment und entscheiden in der jeweiligen Situation aus dem Bauch heraus. Ihr Bauchgefühl geht manchmal sogar so weit, dass sie Bauchschmerzen bekommen, wenn sie das Gefühl haben, etwas stimmt nicht.

Erwachsene haben gelernt, ihre Entscheidungen rational zu treffen. Gefühlsentscheidungen haben eine deutlich geringere Wertschätzung und sind weniger anerkannt. Für Fehlentscheidungen ist in einer leistungsorientierten Gesellschaft wie der unseren kein Platz.

> —— Der intuitive Geist ist ein Geschenk. Und der rationale Geist ist sein Diener. Wir haben eine Gesellschaft geschaffen, in der der Diener zum Herrn geworden ist und man das Geschenk vergessen hat. ——
>
> Albert Einstein

Für alles müssen wir in unserer Gesellschaft eine plausible Erklärung haben. Wichtig sind Daten, Fakten und Zahlen. Darauf zählen wir und darauf möchten wir uns stützen. Doch wer sich bei seinen Entscheidungen nur auf Fremdinformationen verlässt, der entzieht sich auch in Teilbereichen seiner Verantwortung. Denn wenn die Begründung einer Entscheidung nicht tief in uns fußt, ist es ein Leichtes, bei Fehlentscheidungen die »Schuld« auf die ihr zugrundeliegende Information zu schieben, anstatt die Entscheidung an sich – und damit sich selbst – dafür verantwortlich zu machen. Für intuitive Entscheidungen hingegen müssen wir die Verantwortung selbst tragen, da der Weg zu ihr nur in uns selbst begründet ist. Der Mut dafür fehlt aber den meisten.

Unsere Intuition kann auch von vielen anderen Umständen gehemmt werden. Die häufigsten Hemmnisse sind Angst und Sorge. Aber auch durch ständigen Pessimismus, zu wenig Selbstvertrauen und den Drang nach unwiderlegbaren Fakten kann sich unsere Intuition nicht vollends entfalten. Hektik, Stress und ellenlange To-do-Listen führen in unserem Alltag dazu, dass wir oft viel zu sehr beschäftigt sind, um in uns hineinzuhorchen. Unsere Intuition braucht aber Aufmerksamkeit, damit sie wahrgenommen und gehört wird. Dabei reicht es oft schon, etwas zur Ruhe zu kommen und der Intuition Raum zu geben.

Grundsätzlich ermöglicht uns unsere Intuition, zukünftige Entwicklungen mit all ihren Optionen und Potenzialen wahrzunehmen. Das ist auch der Grund, aus dem Eltern stutzig werden, wenn es im Kinderzimmer plötzlich verdächtig still wird. Dabei wird zwischen konkreter und abstrakter Intuition unterschieden:

— Die konkrete Intuition ist durchaus fassbar, präzise und nahezu sachlich. Sie stützt sich auf Erfahrungen und vermittelt so Wahrnehmungen, die die Tatsächlichkeit der Dinge betreffen. Der sogenannte Geistesblitz ist eine solche Form der Intuition. Er ist weitestgehend für Außenstehende erklärbar, wenn auch nur mit den Worten »Ich glaube, das habe ich schon einmal irgendwo gelesen«.

— Die abstrakte Intuition hingegen ist deutlich schwerer zu erfassen. Sie vermittelt die Wahrnehmung von ideellen Zusammenhängen und wirkt dadurch oft nicht real. Eingebungen und Inspiration gehören zu dieser Form der Intuition. Wir spüren sie, können sie aber nur schwer in Worte fassen und wir können nicht erklären, woher dieses Gefühl kommt.

Es gibt intuitive Entscheidungen, die wir blitzschnell innerhalb weniger Sekunden treffen. Es ist eine Begabung, auf Anhieb eine Entscheidung treffen zu können, ohne die Zusammenhänge genau zu verstehen.

Unsere Intuition kann aber auch stark durch unser Gefühl getrieben sein. Diese Art ist schwieriger zu fassen, weil sie nicht auf Erfahrungswissen basiert, sondern durch das Unterbewusstsein von Emotionen geleitet wird.

Inkubation: Intuition mit Verstand

Intuition heißt nicht unbedingt eine sofortige Lösung, oft hilft es, »eine Nacht darüber zu schlafen«. Dabei werden Informationen unbewusst verarbeitet und das Bewusstsein schaltet sich ein, wenn das Unterbewusstsein auf eine Lösung stößt. Diese auch auf dem Verstand beruhende Intuition wird Inkubation genannt.

Damit ist das unbewusste »Ausbrüten« von Gedanken und Ideen in einer Entspannungsphase nach einer intensiven Denkphase gemeint. Inkubation als Teilbereich der Intuition beschreibt die Zeit, in der man ein Problem oder eine Frage nicht weiter bewusst bearbeitet, aber dennoch einer Lösung näherkommt. Unbewusst werden alte, unfruchtbare Assoziationen gelöscht und stattdessen neue gebildet, die zur Erkenntnis führen können. Wer kennt das nicht: Wenn wir versuchen, uns verzweifelt an einen Namen zu erinnern, kommt er uns nicht in den Sinn. Erst wenn wir aufhören, darüber nachzudenken, kann der Name wie eine Blitzidee zu uns kommen. Hören wir nämlich bewusst auf, nach etwas zu suchen, werden Gedächtnisinhalte aus unserem Langzeitgedächtnis hervorgeholt.

Einfach besser, einfach intuitiv

Der Mensch ist keine reine Denkmaschine. So viele Facetten machen ihn aus und leiten ihn. Intuition ist eine davon – und sie kann so vieles.

—— **Intuition ist die Quelle von Kreativität, von Fantasie, Inspiration, Motivation und Visionen.** ——

Sie hilft uns, uns in andere Menschen hineinzuversetzen, ohne dass unser Gegenüber auch nur ein Wort sagen muss. Ein ausgeglichener Zugang zu unserer Intuition kann uns in unglaublich vielen Lebensbereichen eine große Hilfe sein. Auch bei unserer Elternschaft.

Das Motto »Raus aus dem Kopf, rein ins Herz« kann uns vieles im Alltag mit unseren Kindern leichter machen. Wir müssen unsere Kinder nicht immer verstehen, aber wir sollten sie fühlen. Wir müssen unser Handeln nicht immer rational erklären können, aber es sollte sich gut und richtig für uns anfühlen. Wir müssen keinen starren Mustern folgen, unsere Kinder brauchen vielmehr Flexibilität, situationsangemessene Reaktionen und Einfühlungsvermögen – Dinge, die wir niemals nur über unseren Verstand finden werden, sondern über unser Bauchgefühl und natürlich über unser Herz.

Intuition ist ...

- ... unsere innere Stimme, unser Bauchgefühl, unser Wegweiser.
- ... unser gutes oder ungutes Gefühl.
- ... ein feiner Sensor.
- ... ein innerer Kompass.
- ... zu wenig anerkannt.
- ... neben unserer Vernunft ein sehr wichtiger Erkenntnisweg.
- ... eine Fähigkeit, die wir verloren haben, die aber trainiert werden kann.
- ... nicht zu verwechseln mit Gewohnheiten und äußeren Einflüssen.
- ... die Quelle von Kreativität, Fantasie, Inspiration und Visionen.
- ... eine große Erleichterung in unserem Alltag – insbesondere mit Kindern.
- ... die Fähigkeit, blitzschnell, unmittelbar und unterbewusst Wahrnehmungen zu verarbeiten und Erfahrungswissen abzurufen.

Intuition schlummert in jedem von uns.

Vorteile einer intuitiven Erziehung

Alle Eltern kennen Unsicherheit, Sorge und Ängste. Nirgendwo sonst tragen wir so viel Verantwortung wie bei der Erziehung unserer Kinder. Wir können so viel falsch machen – aber auch so vieles richtig. Auf Letzteres dürfen wir häufiger vertrauen – auch wenn die äußeren Einflüsse in unserer Gesellschaft großes Gewicht haben. Oft meinen Freunde und Familie, es besser zu wissen, und geben Tipps, auch wenn man sie nicht darum gebeten hat. Das Internet bietet Antworten auf alles, die Regale in den Buchhandlungen stehen voll mit Erziehungsratgebern und in sozialen Netzwerken hat jeder eine Meinung und tut diese auch kund. Mach dich frei von diesem Gewicht – mit Hilfe deiner Intuition.

Intuition kann in der Elternschaft sehr hilfreich sein. Unser Bauchgefühl ist ein wichtiges Werkzeug im Umgang mit unseren Mitmenschen – insbesondere mit denen, die uns sehr am Herzen liegen. Wo Gefühle im Spiel sind, sollten Gefühlsentscheidungen ein Höchstmaß an Aufmerksamkeit und Wichtigkeit erhalten, auch wenn diese fälschlicherweise in unserer Gesellschaft nicht so anerkannt sind. Entscheidungen, die wir intuitiv fällen und begründen, sind mindestens genauso wichtig und wertvoll.

Mehr Zuverlässigkeit

Unsere Intuition, insbesondere unsere Eltern-Intuition, ist sehr viel verlässlicher, als wir denken. Sie ist zwar weniger überprüfbar und wiederholbar, aber sie ist keineswegs willkürlich. Sie basiert auf Informationen, Wahrnehmungen und Erfahrungen, die wir aus dem Unterbewusstsein abrufen können. Sie ist tief in uns verankert und kann uns, wenn sie trainiert und ausgeprägt ist, den Alltag erleichtern.

Viele richtige und wertvolle Verhaltensmuster schlummern tief in uns. Zusätzlich haben wir spezielle und sensible Sensoren, zum Beispiel für die Belange unserer Mitmenschen. Besonders ausgeprägt sind diese für unsere eigenen Kinder. So können wir sie bereits wenige Stunden nach der Geburt unter allen anderen Babys heraushören. Ein Talent, das uns auch nicht verloren geht, wenn die Kinder älter werden. Auf einem überfüllten Spielplatz hören und reagieren wir vorrangig auf das Rufen unseres Nachwuchses.

Unser intuitives Elternprogramm

Täglich rufen wir routiniert eine Art Elternprogramm ab, bei dem wir uns oft gar nicht bewusst sind, wie intuitiv – und damit wie wertvoll – es eigentlich ist. Gerade bei Kindern, die noch nicht sprechen können, reagieren wir mit einer hohen Treffsicherheit intuitiv richtig, indem wir Windeln wechseln, stillen oder Fläschchen geben, kuscheln und beruhigen. Wir meinen, Unterschiede im Weinen zu hören und zu erkennen, die uns zu einer bestimmten Reaktion bewegen. Diese Nuancen in der Qualität des Weinens hat uns niemand erklärt, wir handeln rein nach unserem Bauchgefühl. Doch je älter ein Kind wird, desto seltener verlassen wir uns auf unser Gefühl, sondern zerreden und zerdenken unsere Handlungen.

Dabei ist unser Bauchgefühl kein Unsinn, es kommt nicht von irgendwoher. Unser intuitives Elternprogramm fußt auf unserem Erfahrungswissen sowie auf angeborenen und erlernten Mustern. Durch Erfahrungen haben wir viele wertvolle Informationen in uns gespeichert, um vorauszuahnen, was andere Menschen fühlen, denken und tun – auch um zu merken, was gut oder schlecht ist –, ohne dafür die richtigen Worte finden zu können.

Gewohnheit oder Intuition?

Wie wir erziehen, hängt viel mit der eigenen Lebensgeschichte zusammen. Wer positive Vorbilder hatte, wird vieles bis alles genauso machen wie diese. Verhaltensmuster werden unterbewusst übernommen. Wer keine guten Erfahrungen gemacht hat, kann nicht auf dieses Repertoire zurückgreifen. Diese Menschen orientieren sich entweder am Negativbeispiel oder ziehen Ratgeber zu Hilfe.

Gute wie auch schlechte Gewohnheiten, die sich bei jedem ins Leben schleichen können, solltest du immer wieder hinterfragen. Was ist Gewohnheit? Was ist Prägung? Und was ist wirklich deine innere Stimme? Antworten gibt uns unser Bauchgefühl: Fühlt es sich richtig an, ist es richtig. Wenn nicht, sollte es geändert werden.

Hand in Hand mit der Vernunft

Der Chef in unserem Kopf ist nicht unser Verstand, er ist lediglich eine Art Berater. So verrückt es auch klingt: Das Sagen hat das limbische System, unser emotionales Entscheidungszentrum im Gehirn. In der Regel leitet uns die Intuition bei der Erziehung sehr gut, oft sogar besser als der kühle Verstand oder all die Regeln für Kindererziehung.

Wie unser Kopf funktioniert, zeigt aber auch: Das eine geht ohne das andere nicht. Und das sollte es auch nicht. Unsere Vernunft muss (!) bei der Erziehung eingeschaltet bleiben, damit wir unserer Fürsorgepflicht in vollem Umfang gerecht werden können. Sie funktioniert als eine Art Aufseher, damit uns die Intuition nicht in die Irre führt. Denn unsere Intuition ist angreifbar, Ängste und Affekte können sie täuschen.

Viele Eltern nutzen deshalb alle ihnen zur Verfügung stehenden Instanzen: eine Kombination aus erworbenem Wissen, Informationen und Bauchgefühl. Manche setzen mehr auf Wissen und Information, andere mehr auf ihre Intuition. Wieder andere nutzen beide nahezu gleichwertig.

Dabei kann man gut zwischen Alltagssituationen und komplexen Problemen unterscheiden. Bei großen Problemen kann eine Strategie notwendig sein. Andererseits hat sich gezeigt, dass auch bedeutende Entscheidungen im Beruf oder im Familienleben am besten aus dem Bauch heraus getroffen werden.

Überschlafen erhöht dabei deutlich die Treffsicherheit, denn unbewusste Denkprozesse können in der Nacht regelrecht aufblühen. Wichtig ist, dass wir gezielt Abstand zu dem Problem nehmen, also etwas völlig anderes tun, uns ablenken und nicht mehr über das Thema nachdenken, um die Intuition nicht zu verfälschen (siehe auch Übung »Aufträge an das Unterbewusstsein«, Seite 87).

Grundsätzlich gilt: In puncto Bauchgefühl gibt es kein Richtig oder Falsch. Auch ein intuitiver Mensch kann sich Ratschläge einholen oder in Ratgebern und im Internet nachlesen. Letztlich entscheidet aber das Bauchgefühl darüber, welchen Informationen oder gut gemeinten Ratschlägen wir vertrauen und welche wir dann annehmen. Viele Eltern nehmen Ratschläge nur an, wenn das Bauchgefühl stimmt. Meldet die innere Stimme Bedenken, haben es auch die besten Argumente schwer. Ein Gefühl des sicheren Handelns entsteht hingegen, wenn das Bauchgefühl durch externe Quellen wissenschaftlich oder argumentativ bestätigt wird.

Mehr Flexibilität

Intuitive Erziehung ist kein starres Konzept, sondern passt sich flexibel und individuell der jeweiligen Situation an. Intuition befreit uns von fremden (Erziehungs-)Dogmen, die zur eigenen Familie nicht passen. Intuitive Erziehung läuft eher nebenbei und ist dadurch viel entspannter. Sie kann immer und überall gelebt werden und passt zu jeder Familie mit Kindern in jedem Alter – egal ob Säugling, Kleinkind, Schulkind oder pubertierender Teenager. Der Fokus liegt auf dem Kind als individuellem Wesen. Es gibt kein Richtig oder Falsch, kein »Mach dieses oder jenes, dann ...«, sondern das eigene Bauchgefühl diktiert das situationsbezogene Handeln.

Auf das Bauchgefühl vertrauen

Viele Eltern haben das Vertrauen verloren, dass ihr Bauchgefühl sie nicht im Stich lässt. Eingeschüchtert von der Herausforderung, ihre Kinder »richtig« zu begleiten, suchen sie nach Antworten und Lösungen. Doch was ist richtig? Kann jemand anders überhaupt besser wissen als ich, was gut für mein Kind ist?

Die Flut von Ratgebern und gut gemeinten Tipps verkopfen einen ganz natürlichen Prozess zwischen Eltern und Kindern. Dabei erscheinen Argumentationen in Erziehungsratgebern schnell als logisch. Das jedoch birgt die Gefahr, diese unreflektiert zu übernehmen. Auch belesene Eltern können im Umgang mit ihren eigenen Kindern sehr verunsichert sein, weil sie verlernt haben, auf ihr Bauchgefühl zu hören. Es funktioniert nicht, eine Erziehungsmethode rigoros anzuwenden, wenn sie nicht zum Kind, zum Familienleben oder zur Situation passt.

Meistens bleibt es auch nicht bei nur bei einem Ratgeber. Doch unterschiedliche Publikationen verfolgen verschiedene Konzepte und Ziele. Wie soll man da noch zwischen Richtig und Falsch, Passend oder Unpassend unterscheiden, wenn man nicht auf sein Bauchgefühl vertraut?

Wenn bei Vernunftmenschen der Kopf zu wenig flexibel ist, können rationale Vorgänge schnell ihr Bauchgefühl überlagern. Das aber hindert sie am schnellen, individuellen und angemessenen Handeln. Dabei finden wir Intuition überall in unserem Alltag – wir müssen nur lernen, hinzuhören und uns bewusstzumachen, wo wir bereits intuitiv entscheiden.

Hauptsache: gut fürs Kind!

Als Eltern wissen wir am besten, was gut für unser Kind ist, was wir ihm zumuten können und wann wir Grenzen setzen müssen. Dazu dürfen wir darauf vertrauen, dass Kinder eine Art Bauplan in sich gespeichert haben. Sie entwickeln sich und ihre Fähigkeiten zu ihrer Zeit und vieles auch aus sich heraus – ganz ohne, dass Eltern es gezielt lehren. Wir sollten sie nur dabei begleiten und unterstützen.

Ein Kind lernt nicht laufen, indem man es zwingt und drängt. Vielmehr müssen seine Muskeln und sein Gleichgewicht stark und gut genug ausgeprägt sein. Das kann bei manchen Kindern mit zehn Monaten der Fall sein, bei anderen erst mit anderthalb Jahren. Noch ein weiterer Faktor bringt ein Kind »auf die Füße«: Vertrauen. Eine Eigenschaft, die man nicht lernen oder lehren kann, sondern die sich durch Emotionen aufbaut.

Das vehemente Festkrallen an bestimmten »Phasen«, die viele Ratgeber vermitteln, kann dabei viel Druck ausüben und dazu führen, dass eigene Kind nur aus diesem speziellen Blickwinkel zu sehen. Ein grundsätzliches Wissen darüber mag vielen Eltern helfen, aber es ist kein konkreter Plan, an den sich alle Kinder halten. Natürlich gibt es Auffälligkeiten, die beobachtet werden müssen, wenn ein Kind zum Beispiel stark verspätet läuft oder spricht.

Doch nicht das Wissen um eine bestimmte Phase lässt Eltern aufhorchen, sondern ihr Bauchgefühl. Durch das Zusammenspiel ihrer Beobachtungen sind sie entspannt oder es schrillen ihre inneren Alarmglocken. Elterliche Sorge ist ein Gefühl, dass niemals unterschätzt werden darf. Du kennst dein Kind und erkennst auch kleinste Veränderungen in seinem Verhalten, die du vielleicht gar nicht in Worte fassen, sondern nur als Gefühl beschreiben kannst. Aber du spürst, ob alles in Ordnung ist oder ob etwas nicht stimmt.

Individuen individuell begegnen

Jedes Kind ist ein Individuum, wirklich jedes! Diese kindliche Individualität verlangt regelrecht danach, dass wir ihr mit ebenso individuellem Handeln begegnen. Jeder kleine Mensch entwickelt sich anders, hat eigene Bedürfnisse und Gewohnheiten. Kein Ratgeber dieser Welt kennt unser Kind genau. Klassische Ratgeber müssen deshalb pauschalisieren und Erziehungstheorien auf den größten gemeinsamen Nenner bringen. Das allerdings macht viele Ratgeber zu wenig flexibel, zu starr und zu regelbehaftet, nicht zuletzt, weil sich Eltern oft klare Anweisungen wünschen. Eltern können dadurch aber enorm unter Druck geraten.

So viele verschiedene Fälle, wie es unterschiedliche Kinder gibt, kann auch der beste Ratgeber nicht beschreiben. Jeder Ratgeber kann nur einen (kleinen) Ausschnitt der Realität widerspiegeln. Doch die Realität ist viel bunter und vielfältiger. Tatsächlich ist es doch so: Wir lernen – wie auch unsere Kinder – jeden Tag etwas Neues, wir wachsen mit unseren Kindern und unseren Aufgaben – und manchmal sogar über uns hinaus. Mit und durch unsere Eltern-Intuition bleiben wir bei uns, bei dem, was wichtig für uns, unser Kind und unsere Familie ist.

Schnell, einfach, kreativ

Die Flexibilität von Intuition in der Erziehung zeigt sich auch in ihrer Schnelligkeit und Einfachheit. Im Alltag mit einem Kind bleibt oft keine Zeit für langes Nachdenken und ein Abwägen der Vor- und Nachteile. Schnelle Lösungen sind gefragt, Reaktionen müssen sofort erfolgen.

Mit Kreativität und Einfühlungsvermögen können wir schnell und angemessen handeln. Für beides ist Intuition gefragt. Nicht weil wir intensiv darüber nachdenken, sind wir kreativ, sondern häufig sind es Eingebungen, die nicht rational zu erklären sind.

Intuition macht sich bemerkbar durch Impulse. Wie einen kleinen elektrischen Impuls spüren wir die Impulse unserer Intuition körperlich und tief in uns. Diese Impulse sind eine Gabe, auf die zu hören wir verlernt haben. Wir können lernen, sie wieder wahrzunehmen. Am Anfang kannst du diese Impulse vielleicht nur sehr schwach spüren, doch mit etwas Übung und Vertrauen wird dir das bald leichter fallen.

Wie reagierst du zum Beispiel auf dein trotzendes Kind? Mal kann es eine Umarmung sein, mal ein Tadel, mal ein klärendes Gespräch. Unsere Intuition zeigt uns, welchem Impuls wir in der jeweiligen Situation am besten nachgeben.

Mehr Freiheit

Intuition ist eine wertvolle Hilfe in der Erziehung, kommt aber viel zu selten gegen vernunftgesteuerte Entscheidungen an. Der hohe Anspruch unserer Gesellschaft an korrekte und messbare Lösungen sowie unzählige Auswahlmöglichkeiten machen es der Intuition schwer. Wo wollen wir als Familie wohnen? In der Stadt oder auf dem Land? Wo kann sich mein Kind am besten entfalten? Wo soll mein Kind in den Kindergarten oder zur Schule gehen? Welche Förderung braucht mein Kind? Welcher Erziehungsstil ist der beste?

Zeitfresser Vernunft

Sich zu entscheiden, benötigt viel Zeit. Wir müssen Informationen einholen, vergleichen, abwägen, um möglichst vernünftig, also kopfgesteuert zu entscheiden. Intuition ist hingegen viel schneller. Sie ist einfach da. Eingebungen und Blitzideen lassen nicht lange auf sich warten. So gewinnen wir Zeit für die wichtigen Dinge des Lebens.

Doch auch wenn unsere innere Stimme im Vergleich zum Verstand irrsinnig schnell ist, ist sie viel zu leise. Dabei kann es sehr befreiend sein, auf seine Intuition zu setzen. Wer aus seinem Gefühl oder der Situation heraus entscheidet, verlässt sich auf sich und macht sich frei von gesellschaftlichem Druck. Es lohnt sich, sich nicht für soziale Anpassung zurechtzubiegen. Am Anfang mag das noch sehr schwer sein, weil wir von klein auf vermittelt bekommen, unseren Verstand zu benutzen. »Erst denken, dann handeln« – ein Spruch, den jeder schon einmal gehört hat. Ein Spruch, der unsere innere Stimme zum Schweigen bringt.

Abgesehen von unserer Sozialisation und von all den gesellschaftlichen Zwängen sind wir nur biologische Wesen mit Instinkten. Ein Blick ins Tierreich kann helfen: Tiereltern kümmern sich zuverlässig, ohne Vorbehalte und nach jeweiligem Bedarf um ihren Nachwuchs – ganz ohne Erziehungsideologie, Dogmen oder Programm. Nun sind wir keine Tiere. Und das ist auch gut so. Ein Mensch zu sein mit freiem Willen, mit Gedanken und Wünschen und der in der Natur einzigartigen Möglichkeit, diese auch zu äußern, ist etwas Wunderbares.

Ohne Gebrauchsanweisung

Wir neigen dazu, uns zu viele Gedanken zu machen. Erziehung brauchen wir uns nicht erst anzulesen. Denn vieles, was wir wissen müssen, um unsere Kinder großzuziehen, ist tief in uns verankert. Dazu können wir unterbewusst aus einem großen Erfahrungswissensschatz schöpfen. Aber auch unsere Vorstellungen, welche Eigenschaften und Tugenden uns wichtig sind, formen unsere Kinder.

Uns ist vielleicht etwas anderes wichtig als unserer besten Freundin, der bekannten Mama-Bloggerin oder unseren Eltern. Von ihnen dürfen wir uns mit einem guten Gefühl distanzieren und befreien. Warum also nicht für die Menschen, die uns am wichtigsten sind, einen ganz individuellen Fahrplan bauen, der auf die Bedürfnisse von uns und unseren Kindern ausgelegt ist? Ein Plan, der unseren Kindern in ihrer Einzigartigkeit Respekt und Aufmerksamkeit schenkt?

Macht Fehler!

Pessimistische Gedanken und Selbstzweifel hindern uns häufig daran, auf unser Bauchgefühl zu hören, intuitiv und angemessen zu reagieren und zu handeln. Vor allem die Angst, Fehler zu machen, hemmt unsere Intuition. Unsere Gesellschaft ist so geprägt, dass eine Null-Toleranz für Fehler vorherrscht.

Dabei müssen wir gar keine Angst vor einer falschen Erziehung haben. Eltern-Intuition lässt Fehler ausdrücklich zu. Wer sich auf sein Bauchgefühl verlässt, kann und darf fehlbar sein. Kinder können mit Fehlern ihrer Eltern oft besser umgehen, als wir denken, vor allem, wenn sie in einer positiven Umgebung aufwachsen. Außerdem lernen Kinder, die das vorgelebt bekommen, von klein auf, dass jeder Fehler machen darf, dass man zu Fehlern stehen sollte und dass man Fehler korrigieren kann.

Mehr Authentizität

Wenn zum Wohl des Kindes gehandelt wird und eine stabile Eltern-Kind-Beziehung besteht, sind in der Erziehung letztlich fast alle Entscheidungen Gefühlsentscheidungen. Eltern spüren, was für ihre Kinder gut ist und was ihnen guttut – ganz ohne Erziehungstheorie oder spezielle pädagogische Planung. Alles, was sie brauchen, ist ein sicherer innerer Kompass der Intuition.

INTUITIV VON ANFANG AN Dieser Kompass ist in den ersten Monaten mit einem Neugeboren recht gut eingestellt. Dann sind wir

Bauchmenschen, der Kopf ist wie Watte und pure Gefühle überkommen uns ganz natürlich. Die Natur hat uns mit genügend Intuition ausgestattet, die uns zu zuverlässigen Babyversorgern macht. Schon der erste Blick auf das kleine Wesen erfolgt intuitiv. Jede Mutter scannt ihr Neugeborenes nach Auffälligkeiten. Dabei gehen Mütter stets gleich vor: von oben nach unten – selbst die Richtung ist also einprogrammiert. Bereits nach einer halben Stunde kann eine Mutter ihr Kind in einer Menge anderer Babys erkennen – nicht nur an äußeren Merkmalen, sondern auch an seinem Schreien.

Diese intuitiven Momente in den ersten Tagen, Wochen und Monaten lassen eine Familie zusammenwachsen und führen zu einem Gefühl von Vertrauen, Geborgenheit und Sicherheit – der Grundlage eines jeden Urvertrauens. Wie selbstverständlich erkennen wir an feinen Nuancen des Weinens, was unser Kind von uns braucht. Wir gehen automatisch dicht genug an unser Kind heran, als ob wir tatsächlich wüssten, auf welche Entfernung ein Säugling sehen kann. Wir sprechen leiser und deutlicher. Wir imitieren seine Laute. Wir tragen das Kind eng am Körper, meistens auf der linken Seite, weil wir spüren, wie der vertraute Herzschlag unser Kind beruhigt. Das sind die Anfänge einer sicheren Bindung.

SELBSTVERTRAUEN IST DER SCHLÜSSEL All das tun wir nicht, weil wir es irgendwo gelesen haben oder es uns jemand gesagt hat, sondern weil wir aus dem Bauch heraus handeln. Am besten funktioniert das übrigens, wenn es uns selbst gut geht und wir uns wohl in unserer Haut fühlen. Das ist meistens vor allem dann der Fall, wenn wir authentisch sind.

Es ist nur wenig zielführend, Tipps zu übernehmen und Erziehungsstile zu kopieren, weil sie ideal klingen. Wir müssen schon zutiefst davon überzeugt sein. Wer jedoch starr, unflexibel und unreflektiert ein fremdes Erziehungskonzept anwendet, spielt nur eine Rolle. Kinder sind in dieser Hinsicht sehr sensibel. Sie stellen fest, dass ihrer Eltern nicht authentisch sind, und verlieren unter Umständen das Gefühl der Unmittelbarkeit und damit der Nähe zu ihnen. Wer aber in sich ruht, sich selbst, seine Bedürfnisse und Wünsche kennt, ist in seinen Reaktionen und Handlungen echt und nahbar. Damit schafft man die beste Basis für Intuition.

Dabei müssen Mama und Papa nicht einmal immer an einem Strang ziehen. Wer authentisch handelt, der wird ernst genommen. Da kann dann auch manchmal das mütterliche Bauchgefühl ein anderes sein als das väterliche. Gehen die Kinder beispielsweise zu einer bestimmten Zeit ins Bett, bevor der Vater von der Arbeit zurückkommt, darf er ihnen durchaus auch einmal erlauben, länger wach zu bleiben, wenn er früher kommt. Kinder erkennen und genießen solche Ausnahmen. Schon kleine Kinder haben ein Gefühl dafür, dass alle Menschen – auch Eltern – unterschiedlich und auch nicht immer logisch und stringent vorgehen.

Authentisch zu sein heißt auch, keinesfalls unfehlbar zu sein. Kein Mensch agiert permanent fehlerfrei. Als Mama oder Papa kann man nicht immer und in jeder Situation das tun, was richtig und wichtig wäre. Scheitern ist erlaubt, weil Scheitern menschlich ist. Viel wichtiger ist, wie wir mit Situationen des Scheiterns umgehen und was wir damit unseren Kindern vorleben. Kinder orientieren sich an ihren Eltern und daran, wie diese mit sich, miteinander, mit Freunden, Familie und Fremden umgehen, wie sie streiten, leben und lieben. Hier brauchen Kinder authentische und nahbare Vorbilder und keine gespielten, idealisierten Rollen.

DAS BAUCHGEFÜHL NICHT VERLIEREN Wenn ein Baby älter wird, verlieren wir nach und nach das Vertrauen in unsere Intuition. Meist passiert das etwa um den ersten Geburtstag. Die rosarote Wolke der Babyzeit hat sich verzogen. Wir kennen unser Kind jetzt ziemlich gut, haben vieles ausprobiert, Erfahrungen und Fehler gemacht, Meilensteine und Erfolge gefeiert. Der treue und sichere Begleiter, unser Bauchgefühl, wird auf einmal abgewertet, weil die Ansprüche an das Elternsein steigen. Es geht nicht mehr nur um die Primärbedürfnisse des Kindes, sondern zunehmend auch um die Vermittlung von Werten und das Erreichen von Entwicklungsstufen.

Doch unserem Bauchgefühl tun wir damit viel Unrecht. Denn auch wenn es nun nicht mehr nur darum geht, die Grundbedürfnisse des Kindes zu befriedigen, ist unser Herz und Bauchgefühl weiterhin ein äußerst wertvoller Berater. Kinder lernen das meiste im Alltag durch Nachahmen, durch Ausprobieren – nicht durch abstrakte Gespräche oder erzieherische Maßnahmen nach einem starren Programm. Ein solches Programm kann niemals vollkommen zu uns passen, dafür ist jeder Einzelne viel zu individuell. Natürlich können einzelne Aspekte zu einem selbst und der jeweiligen Familien- oder Lebenssituation passen. Letztlich dürfen wir aber unseren eigenen Weg finden und gehen und damit auch Verantwortung übernehmen.

INTUITION ODER AFFEKT? Wir können lernen, Stimmen und Leitbilder von außen auszublenden und zu uns zu finden. Es ist ehrlicher und natürlicher, Emotionen zum Ausdruck zu bringen, als gegen seine Gefühle anzukämpfen, nur weil es irgendwo geschrieben steht.

Doch nicht jedes Gefühl ist Intuition. Wut im Bauch ist kein Bauchgefühl, sondern ein Affekt, der uns übertrieben und ungerecht reagieren lässt. Ähnlich verhält es sich mit Emotionen wie Angst oder Hektik. Niemand ist vor solchen Gefühlen gefeit und so handeln und entscheiden auch die besten Eltern manchmal im Affekt.

Wichtig ist es in solchen Momenten, zu seinen Fehlern zu stehen. Dann sollten wir auf unser Bauchgefühl hören, welche Form der Entschuldigung jetzt die richtige ist. Wir sollten vorsichtig und aufmerksam hinschauen, was genau unser Kind von uns braucht. Besonders wenn das Kind enttäuscht ist oder sich zurückzieht, lohnen sich ehrliche Worte. Manche Kinder brauchen aber auch Zeit und Raum, um die Situation zu verarbeiten.

Wenn das Kind uns als ehrliche und authentische Person erlebt, kann es besser mit diesen Situationen umgehen, weil es die Schuld nicht bei sich selbst sucht, sondern weiß, dass Mama und Papa auch Gefühle kennen und diese nicht immer im Griff haben.

Mehr Harmonie

Unsere Intuition ist der Schlüssel zu einem gemeinsamen, individuellen und harmonischen Familienleben. Wenn wir uns dem Druck von außen nicht mehr beugen und uns als Familie treu bleiben, entsteht etwas Wunderbares: Wir sind einfach nur wir.

Wir sind nicht das Abbild gesellschaftlicher Normen und des Einflusses anderer, sondern wir gehen den Weg, der am besten zu uns und unserer Familie passt. Durch ein ausgeprägtes Bewusstsein für die eigenen Bedürfnisse und Ziele steigern wir immens die Qualität unseres Zusammenlebens und können uns als Familie entwickeln und gemeinsam wachsen.

DEN ALLTAG MEISTERN Unser Alltag als Familie will gemeistert werden. Doch wie viel Zeit verschwenden wir damit, nach links und rechts zu schauen? Wir verlassen uns lieber auf die Meinung anderer, als uns selbst ein Urteil zu bilden. Dabei entspricht der Druck von außen oft gar nicht unserem eigenen Naturell. Wir verbiegen uns – und das kann sehr anstrengend sein. Stell dir nur vor, wie viel entspannter du durch das Leben gehen kannst, wenn du in dir ruhst, wenn du mit dir im Reinen bist und aus dir heraus Entscheidungen für deine Familie treffen kannst.

Wenn du dich noch nicht traust, auf dein Bauchgefühl zu hören, möchte ich dir Mut machen: Oft verhält man sich nach der Lektüre von vielen Erziehungsratgebern genauso, als wenn man sich von Anfang an auf seine Intuition verlassen hätte. Dann wäre einem allerdings das Gefühl des Scheiterns erspart geblieben, weil man die Ratschläge in den Büchern nicht zu hundert Prozent befolgen oder umsetzen konnte.

Wer seinen Alltag gemeinsam mit seinen Kindern gestaltet und lebt, authentisch und intuitiv an die Bedürfnisse und Möglichkeiten der Familie angepasst, lässt auch sein Kind aus sich heraus und in seinem eigenen Tempo lernen. In einem solchen Umfeld fühlt sich ein Kind geborgen und hat keine Angst davor, auch einmal Fehler zu machen. Wenn Eltern vorleben, dass es vollkommen okay ist, man selbst zu sein, dann traut sich auch das Kind mehr zu und hat die Kraft, sich auszuprobieren, bis es seinen eigenen Weg findet.

INTUITION – EIN SENSIBLER RADAR Unsere Intuition hilft uns dabei, auch die kleinen Zeichen im Alltag zu deuten und im Dialog nicht nur den richtigen Zeitpunkt, sondern auch die richtigen Worte zu finden. Sie funktioniert wie ein sensibler Radar, der uns sagt, ob es unserem Kind gut oder schlecht geht, ob es reden möchte oder ob es uns etwas verschweigt.

Dadurch können wir unseren Kindern auf Augenhöhe begegnen und sie durch das Leben begleiten, anstatt sie von oben herab zu erziehen. Zwischen Erziehung und Elternschaft gibt es große Unterschiede. Während sich Erziehung auf das Erreichen von Zielen, auf einen bestimmten Output nach einem Input stützt, ist Elternschaft beziehungs- und bindungsorientiert. Sie begleitet Kinder unterstützend durch das Leben, anstatt vorzugeben, wie sie ihr Leben zu leben haben.

INTUITIVE ELTERNSCHAFT Intuitive Erziehung vereint beide Pole. Intuitive Elternschaft heißt nämlich nicht, dass wir nicht erziehen. Ganz im Gegenteil. Regeln werden hier allerdings nicht von außen und von der Gesellschaft diktiert, sondern sind von unserem Bauchgefühl geprägt.

Erziehung geschieht dann individuell und angemessen. Auch bei einer intuitiven Elternschaft können wir konsequent sein und Regeln befolgen – welche, dass zeigt uns unser Bauchgefühl. Das Wort »Nein« darf und muss es geben. Grenzen werden gesetzt, aber nicht um der Grenzen Willen. Grenzen ergeben sich ganz natürlich, aus den Bedürfnissen des Kindes oder der Familie oder um das Kind vor Gefahren zu bewahren. Respekt und das Miteinander bestimmen die Grenzen.

Intuitive Eltern entscheiden individuell und angemessen und geben klare, sinnvolle Regeln vor, um das Familienleben zu harmonisieren. Frei nach dem Sinnspruch »Was du nicht willst, was man dir tu, das füg auch keinem andren zu« können wir Regeln und unsere Erziehung aufbauen – mit dem Fokus auf uns und unser Gefühl.

INTUITIV ZUM URVERTRAUEN Sozialer und emotionaler Halt und ein klarer Rahmen sind nötig, damit Intuition gelebt werden kann. Durch eine angstfreie, sichere und echte Bindung zu den Eltern entsteht Raum zur freien Entfaltung, für Emotionen und natürliche

Fünf gute Gründe für Eltern-Intuition

— Mehr Zuverlässigkeit: Eltern-Intuition ist ein verlässlicher Kompass und basiert auf Wahrnehmung und Erfahrung.
— Mehr Flexibilität: Intuitive Handlungen und Entscheidungen sind individuell, schnell, einfach und kreativ und lassen uns so flexibel und angemessen reagieren.
— Mehr Freiheit: Erziehung mit Bauchgefühl lässt uns die Freiheit, unseren ganz eigenen Weg zu gehen, und erlaubt uns auch, Fehler zu machen.
— Mehr Authentizität: Indem wir keine fremden Erziehungsstile kopieren, von unserem Weg überzeugt sind und bei uns bleiben, verbiegen wir uns nicht und bleiben uns und unserer Familie treu.
— Mehr Harmonie: Wenn wir uns nicht mehr dem Druck von außen beugen und den Weg gehen, der am besten zu unserer Familie passt, können wir den Alltag leichter und harmonischer meistern.

Nähe. Außerdem wird das Vertrauen des Kindes in die eigenen Fähigkeiten gestärkt und ein gesundes Selbstwertgefühl aufgebaut.

Im Kind verankert sich das wahre Gefühl von Urvertrauen. Ein stark entwickeltes Urvertrauen ist eines der größten und wichtigsten Geschenke, die Eltern ihrem Kind machen können. Es ist lebensnotwendig für ein zukünftig glückliches Leben. Urvertrauen ist das Fundament einer stabilen, selbstbewussten Persönlichkeit. Vertrauen, dass das Leben und die Menschen gut sind, entsteht in den ersten Lebensmonaten und macht das Kind stark für die Herausforderungen, die das Leben bereithält.

Die Bindung unseres Kindes an uns und sein Urvertrauen stärken wir bestenfalls rein intuitiv: Wir bieten ihm viel Körperkontakt, indem wir es auf unseren nackten Oberkörper legen (»Känguru-Methode«) oder durch liebevolle Babymassagen. Wir halten intensiven Augenkontakt, wir reagieren, wenn es weint, es schläft bei uns im Zimmer, wir spielen, singen, kuscheln, kitzeln, tanzen, drücken, schmusen. Wir lächeln es an und sprechen mit ihm, auch wenn es noch kein Wort versteht. Eine intuitive und harmonische Beziehung zum Kind entsteht durch Achtsamkeit. Wir dürfen uns Zeit nehmen, um unserem Kind unsere volle Aufmerksamkeit zu schenken.

Der Weg zu mehr Intuition

Damit Eltern-Intuition funktioniert, sollte sie regelmäßig beansprucht werden. Dadurch wächst und formt sie sich: Wir können uns unsere Intuition wie einen Muskel vorstellen. So wie Muskeln den menschlichen Körper stärken, unterstützt eine »trainierte« Intuition unsere Gedanken, Entscheidungen und Handlungen. Auch wenn sie tief in uns verkümmert und vernachlässigt schlummert, können wir sie mit gezieltem Training »in Bestform« bringen. Wer seinen Bizeps trainieren möchte, der greift zu Hilfsmitteln wie Hanteln, macht gezielte Übungen und setzt auf Wiederholungen und Steigerungen. Das Bodybuilding unserer Intuition funktioniert ganz ähnlich – auch hier stehen uns Hilfsmittel und Übungen zur Verfügung, die durch Wiederholungen und Steigerungen den gewünschten Erfolg erzielen.

Bauchgefühle, die jeder kennt

Die gute Nachricht vorab: Jede und jeder besitzt Intuition. Wir tragen etwas Besonderes in uns, das uns vor Gefahr schützt, uns bei Entscheidungen hilft, uns sagt, ob wir Hilfe brauchen oder jemandem helfen müssen. Wenn sich etwas »nicht richtig anfühlt«, zeigt uns das, dass wir es lassen sollten und gedanklich abschließen können. Intuition ist etwas, das da ist, obwohl uns dafür vielleicht die Worte oder eine rationale Erklärung fehlen.

Ein plötzliches Gefühl von Sorge ohne Begründung, ein starker Drang zu handeln, innere Unruhe, ein Kribbeln oder körperliches Unbehagen können mal stärkere, mal schwächere Zeichen für Intuition sein. Diese Anzeichen erhöhen unsere Wachsamkeit und Alarmbereitschaft. Unsere innere Stimme weist uns an, zu handeln oder etwas zu verändern. Aber was unterscheidet sehr intuitive Menschen von weniger intuitiven Menschen?

Mehr Intuition durch mehr Bewusstsein

Intuitive Menschen haben ein natürliches Bewusstsein ihrer selbst, ihres Seins und ihrer Umwelt. Sie gehen mit offenen Augen durch die Welt. Wer bewusst durch den Alltag geht, ist empfänglicher für seine Intuition. Anderseits hilft uns unsere innere Stimme, Situationen bewusster wahrzunehmen und situationsnahe Entscheidungen zu treffen. Dass mag paradox klingen, zeigt aber, wie sehr Bewusstsein und Intuition einander bedingen.

Um sich selbst in den Zustand eines höheren Bewusstseins zu bringen, bleiben wir am besten ganz bei uns und geben uns dem Jetzt voll und ganz hin. Durch das intensive Wahrnehmen unserer Sinneseindrücke, Gedanken und Gefühle schaffen wir ein einladendes Zuhause für mehr Intuition.

Wir suchen so viele Antworten im Außen, bei anderen Menschen, in Büchern und im Internet. Dabei tragen wir so viele Antworten bereits in uns. Wie soll Google oder irgendjemand wissen, was der nächste Schritt ist oder was wir brauchen, wenn wir es nicht selbst wissen? Je besser wir unsere Intuition nutzen können, desto besser können wir uns eine eigene, von Dritten unabhängige und nicht manipulierbare Meinung zu wichtigen Fragen bilden.

Bye-bye (schlechte) Gewohnheiten!

Unser Bauchgefühl lässt sich optimal einstellen, indem wir unsere Gewohnheiten erkennen, hinterfragen und die schlechten vielleicht sogar hinter uns lassen. Gewohnheiten sind sicherheitsgebende Rituale und nicht zwangsläufig schlecht und falsch. Aber wir sollten sie ab und an reflektieren. Dabei helfen zwei einfache Fragen:

— Passt die Gewohnheit (noch) zu mir?
— Passt die Gewohnheit zu meiner (aktuellen) Situation?

Nicht zielführende Gewohnheiten sollten wir ändern. Oft reichen dafür bereits vier Schritte:

— Gewohnheit beobachten
— Alternativen suchen und durchdenken
— den richtigen Moment erkennen, in dem die Alternativen eingesetzt werden können
— Alternativen einsetzen

Im Folgenden steigen wir konkret und intensiv in das Thema Intuitionstraining ein. Du erfährst, wie du deiner Intuition Raum schaffen kannst, und lernst viele praktische Übungen für mehr Bauchgefühl kennen.

Verbiege dich nicht!

Dieser Ratgeber zeigt dir viele Wege zu mehr Intuition. Mach dir dein eigenes Bild und übernimm nur die Tipps, die zu deiner Situation passen. Hör auf deine innere Stimme – sie wird dir sagen, was du brauchst und was nicht!

Erste Schritte zu mehr Intuition

Zwar tragen wir alle mehr oder weniger Intuition in uns, aber unsere innere Stimme braucht Raum, um sich zu entfalten und sich zu zeigen. Diesen Raum müssen wir schaffen. Die ersten Schritte, um uns auf die Intuition vorzubereiten, sind wie eine »kleine Renovierung« unseres Inneren durch:

- Stille
- schonungslose Ehrlichkeit
- das Verlassen unserer Komfortzone
- mehr Selbstbewusstsein und Selbstvertrauen
- Entspannung

Stille ertragen

Die Welt um uns ist bunt, hektisch und laut. Überall lauern verlockende Ablenkungen. Doch all das verhindert, dass wir bei uns bleiben. Oft können wir nur noch ganz schlecht allein mit uns sein. Wir ertragen uns selbst nicht mehr. Langeweile ist wie eine Strafe für uns.

Dabei sind Langeweile (oder besser Mußezeit) und Stille etwas ganz Wunderbares. Langeweile ist ein nicht zu unterschätzender Motor für Fantasie und Kreativität. Stille ist eine nahezu unerschöpfliche Quelle für Kraft, Energie und Selbstfindung.

Eltern finden nur schwer Zeit und Raum für sich. Immer ist da wer, der etwas von einem will. Und abends ist die Erschöpfung zu groß, um sich mit sich selbst zu beschäftigen. Doch anstatt noch schnell aufzuräumen und durchzuputzen, den nächsten Tag zu planen und vorzubereiten oder sich vom Fernseher berieseln zu lassen, gönne dir auch mal Momente der Stille. Probiere es einfach einmal aus.

- Setze dich bequem hin.
- Schaue aus dem Fenster oder betrachte ein Bild und tue einfach einmal nichts.

- Lass deinen Gedanken freien Lauf – und schaue, wohin sie dich führen.
- Fühle, was das Nichtstun mit dir macht. Spürst du vielleicht erst eine innere Unruhe, die sich kaum aushalten lässt? Verwandelt sich diese aber nach und nach in Entspannung?

Schonungslose Ehrlichkeit

Beim Zugang zu unserer Intuition stehen wir uns gern selbst im Weg, vor allem dadurch, dass wir nicht ehrlich zu uns selbst sind. Wir sind getrieben davon, wie wir sein wollen – statt Frieden zu schließen mit dem, der wir sind. Wir sind vielmehr damit beschäftigt, uns zu optimieren, als mit uns selbst. Statt im Hier und Jetzt leben wir in einer Wunschwelt.

Wir sollten uns zu keinem Zeitpunkt selbst verstecken und unsere Gefühle unterdrücken. Doch wenn wir genau hinschauen, erkennen wir, dass wir in vielen Bereichen unseres Lebens statt Ehrlichkeit eher Tarnung, Verborgenheit, Rollenspiel, Rückzug, Maskierung und sogar Lügen anwenden. Wir sind wahre Meister der Selbsttäuschung. Reden wir uns die Dinge schön, geschieht dies meist unbewusst und aus guten Gründen: Wir schützen uns damit selbst, um unser (mühsam aufgebautes) Selbstbild aufrechtzuerhalten und um ein schlechtes Gewissen zu verhindern.

Vielleicht kennst du das auch: Du tust so, als sei alles gut, obwohl du dich gar nicht so fühlst? Du sprichst Dinge nicht an, obwohl sie dich bewegen, weil du jemanden nicht verletzen möchtest? Du erledigst Aufgaben, obwohl du sie wirklich nicht machen möchtest, entweder weil du es dir nicht eingestehen kannst oder aus falsch verstandenem Pflichtgefühl? Mit diesem Verhalten setzen wir uns eine Art Maske auf und geben vor, jemand anders zu sein, als wir sind. Dadurch verlieren wir immer mehr den Kontakt zu uns selbst und damit auch zu unserer inneren Stimme.

Dabei können wir unser Unterbewusstsein, das uns täglich kleine und große Lügen auftischt, durch ganz einfache Fragen an uns selbst eindeutig entlarven:

— Lasse ich Worten keine Taten folgen?
— Neige ich zu Übertreibungen?
— Stehe ich nicht zu meinen Fehlern?
— Möchte ich es allen recht machen?
— Über- oder unterschätze ich mich häufig?
— Fühle ich mich unecht? Spüre ich mich nicht?
   Habe ich das Gefühl, dass ich mich verliere?

Wenn du diese Fragen alle oder teilweise mit Ja beantwortest, sind das wichtige Anzeichen dafür, dass du dich selbst belügst. Doch der Kreislauf lässt sich durchbrechen, indem du lernst, dir Fehler einzugestehen und dir selbst treu zu bleiben.

Dadurch gewinnst du – vor allem an Authentizität, was sich auch im Umgang mit deinen Kindern bemerkbar machen wird. Wer eine Rolle spielt, der wird nicht ernst genommen – das gilt auch in der Erziehung. Kinder haben dafür ganz feine Antennen. Sie spüren, ob uns eine Sache wirklich wichtig ist oder ob wir nur einem Ratgeber oder einem Ratschlag gerecht werden wollen. Je mehr wir also »unser eigenes Ding durchziehen«, umso mehr gelingt eine gute und harmonische Zusammenarbeit mit unseren Kindern.

Komfortzone verlassen

Wer authentisch und ehrlich zu sich selbst ist, verlässt seine Komfortzone. Aber warum ist das wichtig, um intuitiver zu werden?

Die Komfortzone ist ein Bereich, in dem wir uns wohlfühlen. Sie bezeichnet keinen geografischen Ort, sondern eher unsere Lebensweise. Unsere Komfortzone entspricht allem Bekannten, Alten und schon Dagewesenen. Für die meisten ist sie bequem, gemütlich und vor allem eines: sicher. Hier wissen wir genau, was wir haben und

Angst oder Intuition?

Angst und Intuition dürfen nicht verwechselt werden. Zur Kontrolle können wir die Qualität unserer Gefühle bewerten und reflektieren: Angst zeichnet sich durch verzweifelte, rasende, chaotische Gedanken aus. Bauchgefühl hingegen zeigt sich durch einen relativ neutralen Geist, aber auch durch starke körperliche Reaktionen wie Gänsehaut oder ein Schaudern. Ängste bauen sich auf, Intuition ist spontan, aber stark und eindeutig.

was uns erwartet. Wir nehmen immer den gleichen Weg zur Arbeit oder bestellen das gleiche Gericht bei unserem Lieblingsitaliener. Mit dem sicheren Gefühl, dass der Weg funktioniert und die Nudeln schmecken.

Aber was ist so falsch an unserer Komfortzone? Damit schonen wir immerhin unsere Energiereserven. Routinen sparen Zeit und Energie. Wir müssen nicht verschiedene Optionen gegeneinander abwägen, sondern bleiben beim Bewährten. Eigentlich gar keine schlechte Strategie. Schwierig wird es jedoch, wenn wir es uns zu bequem machen und die bestehenden Routinen uns davon abhalten, Neues auszuprobieren.

Wenn wir uns in unserer Komfortzone eingerichtet haben, fällt es uns schwer, uns auf neue Erfahrungen und Menschen einzulassen. Verharren wir in den ewig gleichen Verhaltensmustern, hören wir auf, uns weiterzuentwickeln. Doch das Leben mit Kindern bedeutet stetige Veränderung, kaum ein Tag gleicht dem anderen. So wie unsere Kinder wachsen, müssen wir mit ihnen wachsen. Wer sich nur im gewohnten Rahmen bewegt und Veränderungen verhindert, entwickelt sich nicht weiter. Halten wir immer nur an Bewährtem fest, wird das Gleichgewicht von Routine und Veränderung in unserer Familie gestört.

Unsere Komfortzone ist das Gegenteil von Veränderungen. Damit sind wir nicht allein. Veränderungen fallen den meisten Menschen schwer. Wer seine Komfortzone verlässt, begibt sich auf unbekanntes Terrain und riskiert, über kleinere oder größere Fallstricke zu stolpern. Ängste begünstigen zusätzlich, dass wir in unserer Komfortzone verharren. Wir haben Angst zu versagen, uns zu überanstrengen und davor, von unseren Mitmenschen zurückgewiesen zu werden.

Wo die Komfortzone beginnt und auch wieder endet, ist ganz individuell. Die Komfortzone hat viel mit dem Charakter und der Persönlichkeit eines Menschen zu tun. Manche lassen sich gern auf Neues ein, für andere sind schon kleinste Abweichungen von bewährten Routinen eine große Herausforderung.

Doch die Magie beginnt außerhalb der Komfortzone – wenn wir Angst und Bedenken hinter uns lassen. Wenn du deine Handlungen besser verstehen und wissen möchtest, warum du manche Dinge tust, verabschiede dich davon – und schau was dann passiert.

Wege aus der Komfortzone

Mit diesen sieben Tipps kommst du aus deiner Komfortzone heraus:

KRAFT TANKEN Veränderungen sind anstrengend und brauchen Energie. Um sie durchzuführen und auszuhalten, brauchst du nicht nur physische, sondern auch mentale Power. Mache Sachen, die dir guttun, um daraus neue Kraft für den nächsten Schritt zu schöpfen.

SICH SELBST MOTIVIEREN Mache dir bewusst, warum und wofür du deine Komfortzone verlassen möchtest und eine Veränderung anstrebst. Nimm dir nicht zu viel vor. Das Ziel sollte sich für dich realistisch und gut anfühlen, damit du es auch wirklich anpackst. Dabei kann es dir helfen, deine Ziele aufzuschreiben und zu visualisieren. Stelle dir bildlich vor, was im schlimmsten Fall (worst case) passieren kann. Dann merkst du unter Umständen schnell, dass deine Bedenken womöglich übertrieben sind. Ersetze dann diese Vorstellung durch das Ergebnis, das du im besten Fall erzielen kannst (best case). Spüre, wie gut sich dieser Gedanke anfühlt und wie du beginnst zu lächeln.

BEOBACHTEN Beobachte dich selbst in deiner Komfortzone: Warum fühlt sie sich so gut für dich an? Was macht dir Angst, wenn du sie verlässt? Möchtest du wirklich in dieser Situation verharren? Wo engt sie dich ein? Wie hemmt sie dich in deinem Alltag?

LOSLEGEN Jetzt heißt es konkret zu werden und einfach zu machen. Lege los und wende keine Verzögerungstaktik an. Verändere deine Routinen. Dabei können dir erstmal kleine Alltagschallenges helfen: Nimm einen anderen Weg zum Bäcker, teste ein neues Gericht, sprich einen Fremden an oder probiere einen neuen Look aus. Vielleicht hilft es dir auch, einfach mal durchzudrehen: Tanze wild zu lauter Musik oder hüpfe mit deinen Kindern durch das Zimmer. Lass los – das kann sehr befreiend sein.

VERANTWORTUNG ÜBERNEHMEN Glückwunsch, du hast deine Komfortzone verlassen! Jetzt mach bloß keinen Rückzieher, sondern steh zu dem, was du tust. Dazu gehört auch, andere Meinungen zu ignorieren. Merkst du allerdings, dass sich die Veränderung nicht gut anfühlt, vielleicht sogar ein Fehler war, dann übernimm die Verantwortung dafür. Wichtig ist, dass alles, was du tust, auf deiner Meinung und deinem Gefühl beruht und nicht von Außenstehenden beeinflusst wird.

BELOHNEN Für deinen Mut und deine Kraft, deine Komfortzone zu verlassen, hast du dir eine Belohnung verdient. Tue etwas, was dir Freude bereitet, oder beschenke dich mit einer Kleinigkeit. Das kann dich lange an deine Veränderung und deinen Stolz darauf erinnern – und dir Kraft für weitere Veränderungen schenken.

WIEDERHOLEN Du kennst es bestimmt: Kaum ist eine Hürde geschafft, schleichen sich neue (oder auch alte) Gewohnheiten ein. Auch in der neuen Komfortzone kannst du es dir bequem machen. Deshalb suche dir immer wieder Herausforderungen. Du wirst schnell merken, wie du daran wächst – und vielleicht sogar Freude daran entwickeln.

Mehr Selbstvertrauen

Wer seine Komfortzone verlassen und seinem Bauchgefühl (mehr) trauen möchte, der muss zuerst sich selbst vertrauen. Um seine innere Stimme zu hören, braucht man innere Stärke. Angst und Selbstzweifel gehören zu den größten Hemmnissen unserer Intuition. Selbstvertrauen entsteht nicht über Nacht, aber mit dem richtigen Mindset und einem positiven Umfeld wird es sich nach und nach entwickeln.

Die Basis von Selbstvertrauen ist Selbstbewusstsein. Aus Selbstbewusstsein resultiert schließlich Selbstvertrauen, weil wir uns unseres eigenen Wertes bewusstwerden. Ein selbstbewusster Mensch verspürt Zuversicht, Gewissheit und Sicherheit, vor allem in seine eigenen Fähigkeiten, seine Handlungskompetenz und seinem Wert als Persönlichkeit. Bei dem Stichwort »Selbstbewusstsein« haben wir meist eine starke, extrovertierte Person vor unserem inneren Auge. Aber auch eine introvertierte Person kann selbstbewusst sein – wenn und weil sie sich ihrer selbst bewusst ist. Durch die Beschäftigung mit Fragen wie »Wer bin ich?« und »Was kann ich?« erlangen wir Erkenntnis über unsere Persönlichkeit. Häufig kennen wir uns nämlich gar nicht so gut, wie wir denken.

Unsere Gedanken und Emotionen sowie unser Handeln haben sich über die Jahre automatisiert. Mit mehr Bewusstsein für uns als Person können wir unsere Erfahrungen, Denkweisen und Emotionen reflektieren und sogar aktiv steuern. Denn durch ehrliche Selbstwahrnehmung ergibt sich ein realitätsnahes Selbstbild. Das ist wichtig dafür, Entscheidungen in unserem Leben zu treffen, Dinge hinter uns zu lassen und zu erkennen, was uns nicht guttut. Es hilft uns, nach einem Beruf, Hobbys und auch Personen zu suchen, die uns guttun.

Dazu zählt nicht nur eine gute – also realistische und ehrliche – Eigenwahrnehmung, sondern auch die Fähigkeit zur Eigenbewertung. Wir brauchen nicht nur ein Bewusstsein dafür, was wir sind und was wir können (Eigenwahrnehmung), sondern müssen unsere Talente und Fähigkeiten auch anerkennen können (Eigenbewertung). Selbstbewusste Menschen strahlen deshalb oft eine tiefe Zufriedenheit mit sich und ihrem Leben aus, weil sie sich selbst nicht nur wahrnehmen, sondern sich auch korrekt bewerten können.

Mehr Selbstbewusstsein

Gerade Eltern stellen sich und ihre Bedürfnisse meist hintan. Da bleibt oft nur wenig Zeit, um sich selbst – insbesondere seine eigenen Bedürfnisse – wahrzunehmen. Diese Zeit ist aber für uns und unsere Kinder wichtig und wertvoll.

Mit Fragen an dich selbst kannst du die vielen Facetten deines Selbstbewusstseins ergründen. Dafür reichen manchmal schon wenige ruhige Minuten, wenn du im Auto sitzt, um die Kinder vom Kindergarten abzuholen, oder kurz vor dem Einschlafen, wenn du im Bett liegst. So erlangst du spannende Einsichten in dein Inneres.

- **Selbsterkenntnis:** »Das bin ich.«
- **Selbstakzeptanz:** »Ich bin gut.«
- **Selbstannahme:** »Ich mag mich.«
- **Selbstliebe:** »Ich liebe mich.«
- **Selbstwirksamkeit:** »Ich kann das.«
- **Selbstsicherheit:** »Ich schaffe das.«
- **Selbstglaube:** »Das wird mir gelingen.«
- **Selbstkontrolle:** »Ich habe mich im Griff.«
- **Selbstverantwortung:** »Ich bin Herr über mein Leben.«
- **Selbstachtung:** »Ich respektiere mich.«

Erste Schritte zu mehr Intuition

Aus Selbstbewusstsein wird Selbstvertrauen

Mit der Zeit wird aus Selbstbewusstsein Selbstvertrauen, was im Alltag sehr hilfreich ist. Wer sich seiner selbst bewusst ist, kann auch seine Stärken und Schwächen deutlicher wahrnehmen. Mit einem gut entwickelten Selbstvertrauen werden wir relativ optimistisch, angstfrei, sorglos und unbekümmert und gehen gelassener mit Konflikten um. Selbstbewusste Menschen wissen, was sie sich zutrauen können und wo ihre Grenzen liegen. Dadurch erlangen sie ein stärkeres Vertrauen in ihre Fähigkeiten und trauen sich mehr zu.

Selbstvertrauen zahlt sich für die Entwicklung der eigenen Intuition sehr aus, weil wir dadurch die Kraft und geistige Unabhängigkeit entwickeln, uns gegen den Mainstream zu stellen. Nur, weil es alle so machen, muss das nicht dein Weg sein. Doch um den eigenen Weg zu erkennen und zu gehen, bedarf es einer gehörigen Portion Selbstbewusstsein und Selbstvertrauen. Um intuitiven Impulsen nachzugehen, musst du sie ohne Angst vor Fehlern ausprobieren können. Fehler zu machen ist sogar ausdrücklich erlaubt. Nur so lernst und schaffst du individuelle und situationsgerechte Lösungen.

Nur mit Selbstvertrauen kannst du das Vertrauen in deine Intuition stärken und sie auch im Alltag einsetzen. Wenn du häufig an dir zweifelst, setze an diesem Punkt an. Finde heraus, was dich motiviert, und lerne deine Ziele und Visionen kennen. Vielleicht gelingt dir das im Gespräch mit anderen, vielleicht im stillen Kämmerlein. Vergiss nicht: Du bist einzigartig, wundervoll und wertvoll. Glaube an dich und schenke dir selbst das Vertrauen, das du verdienst.

Entspannung

Entspannung ist das Gegenteil von Spannung. In unserem Alltag gibt es unzählige Faktoren, die Spannungen in uns aufbauen. Diese Spannungen können auf ganz unterschiedliche Art entstehen, zum

Beispiel durch Hektik, Stress, Streit oder Angst, und sich auf vielfältige Weise äußern. Sie können sich körperlich durch Verspannungen zeigen, aber auch geistig, zum Beispiel durch innere Unruhe oder Unausgeglichenheit. Oft fällt uns gar nicht auf, wie angespannt wir eigentlich sind, oder wir können dieses Gefühl nicht sofort zuordnen.

Um deine Spannungen zu lösen, ist es wichtig, der Ursache auf den Grund zu gehen. Nimm im ersten Schritt wahr, dass du eine Anspannung in dir trägst – wie auch immer sie sich bei dir äußert. Anschließend kannst du mit der Suche nach dem Grund beginnen. Woher kommt deine Anspannung und wie kannst du sie loslassen – dich also wieder entspannen? Erst wenn du loslässt, kann sich Entspannung breitmachen. Lockere deine Verspannung – sowohl in deinen Muskeln als auch in deinem Kopf. Damit dein Körper Spannungen abbaut, kannst du entweder deinen Körper oder deinen Geist entspannen, denn sie beeinflussen sich gegenseitig.

Was dir Entspannung bringt, weißt nur du. Manche finden Entspannung beim Joggen, andere beim Stricken, bei Lesen oder bei einem Wellnessprogramm. Autogenes Training, geführte Meditationen, Autosuggestionen und Yoga können dir dabei helfen, dich auf dich selbst zu fokussieren.

Nun wirst du vielleicht denken: Woher soll ich mir bloß die Zeit für Entspannung in meinem stressigen Alltag mit Kindern nehmen? Erst einmal klingt das nach noch mehr Stress. Noch ein To-do auf deiner immer länger werdenden Aufgabenliste. Verschiebe die anderen To-do-Punkte! Du wirst schnell merken, dass du von der eintretenden Entspannung nur profitieren kannst. Bald wirst du dein Entspannungstraining nicht mehr als Aufgabe betrachten, sondern als notwendig dafür, um deinen Alltag zu meistern. Schon bald wird es kein Muss mehr sein, sondern du wirst es brauchen und dich darauf freuen.

Außerdem verbessert sich durch Routine die Qualität deiner Entspannung. Es fällt dir nicht nur leichter, Entspannung zu erlangen, sondern deine Entspannung geht auch tiefer und hält länger an – oft sogar bei kürzeren »Trainingseinheiten«. Wenn du sehr gut mit einer

Entspannungstechnik vertraut bist, kannst du deinen Entspannungszustand vielleicht sogar ganz ohne viel Aufwand erreichen, indem du dich lediglich mental in die entspannende Situation hineinversetzt. In stressigen Situationen kannst du schließlich Entspannung wie auf Knopfdruck abrufen, nur durch die Kraft der Erinnerung an den Zustand, den du bei deinem Training erreicht hast. Je mehr du trainierst, umso besser kannst du in jeder Situation über diese Kraft verfügen.

—— **Wer loslässt, hat die Hände frei.** ——

Auch Eltern dürfen und müssen sich um sich selbst kümmern. Um zu entspannen, müssen wir lernen, loszulassen. Am Anfang ist das gar nicht so einfach. Dabei ist Loslassen nicht schwer, es braucht nur Training. Es ist nicht wichtig, wie oft und wie lange du das trainierst, sondern dass du es überhaupt tust. Lass dich darauf ein und steigere langsam die Intensität.

Du darfst deinen Partner, eure Familien, eure Freunde und auch Externe um Hilfe bitten. Wenn der Stress die Oberhand gewinnt, solltest du dich auf das Wesentliche konzentrieren und punktuell deine Ansprüche herunterschrauben.

Zum Loslassen hilft auch, sich mit Statistiken zu Gefahren und (Kinder-)Krankheiten auseinanderzusetzen. Mit diesem Wissen lässt sich schnell erkennen, welche Sorgen übertrieben sind. Dann ist es einfacher, seine Energie für andere, wichtigere Dinge aufwenden. Wer es dann noch schafft, auch kleine Momente zu genießen und dankbar zu sein für das, was ist, der ist entspannt im Hier und Jetzt.

Jede Art von Entspannungstraining schult deine Achtsamkeit, die in jeder Lebenslage hilfreich ist. Während du loslässt, fokussierst du dein Bewusstsein auf deine Gedanken, Gefühle und auf die Umgebungsreize, bestenfalls ganz ohne sie zu bewerten. Dadurch, dass du alles, was dich umgibt und bewegt, besser wahrnehmen kannst, kannst du diese Sachen durchaus, wenn nötig, auch einmal ausschalten, um dich in bestimmten Situationen besser zu konzentrieren.

Erste Schritte zu mehr Intuition

Du ganz allein kannst die Basis dafür schaffen, intuitiver zu sein:
— Ziehe dich zurück.
— Langweile dich mal.
— Lass deine Gedanken abschweifen.
— Sei ehrlich zu dir.
— Verlass deine Komfortzone.
— Werde selbstbewusst und dir deiner selbst bewusst.
— Entspanne dich.
— Reflektiere dich.
— Lerne loszulassen.

Letztlich hilft dir jede Form von Entspannung dabei, zu verstehen, was du und dein Körper in verschiedenen Situationen brauchen. Du kannst die kleinen Signale nicht nur besser wahrnehmen, sondern auch deuten – eine Grundvoraussetzung dafür, intuitiver durch das Leben zu gehen. Spannung ist ein großes Hindernis für deine Intuition, Entspannung hingegen öffnet dir den Zugang zu deiner Intuition.

Intuition finden

Du hast nun durch Stille, Ehrlichkeit, Verlassen der Komfortzone, Selbstvertrauen und Entspannung die Grundvoraussetzungen für mehr Intuition in deinem Leben geschaffen.

Die ersten Übungen, die nun folgen, helfen dir, deine innere Stimme zu finden. Wer seine Intuition spüren möchte, muss wissen, wie sich verschiedene Emotionen anfühlen. Nur so kannst du entdecken, wie sich deine Intuition ganz individuell bei dir äußert.

Wo Gefühle zu spüren sind

Unsere Gefühle sind die Triebfedern für viele unserer Handlungen, Entscheidungen und Wahrnehmungen. Umso wichtiger ist es, dass wir uns mit unseren Gefühlen auseinandersetzen und sie intensiv kennenlernen. Das schützt uns vor Affekt- und Übersprunghandlungen aus einem Gefühl oder einer Laune heraus. Ein Affekt ist spontan und ergibt sich aus einer Situation, darf aber niemals mit unserer Intuition verwechselt werden.

Jede Emotion zeigt sich durch ein komplexes Muster, zu dem körperliche Reaktionen wie Zittern oder Starre und Verhaltensreaktionen wie Lachen und Weinen gehören. Die jeweilige Einordnung einer Emotion geschieht durch die unterbewusste Interpretation und Verknüpfung von Erinnerungen und Erwartungen.

Unser Körper reagiert durch Mimik, Gestik oder eine veränderte Körperhaltung auf unsere Gefühle: Gänsehaut, Herzrasen, Schmetterlinge im Bauch, Kloß im Hals, Verspannungen, Schweißausbrüche, Stirnrunzeln, Tränen, Erröten, höherer Blutdruck, schnelle Atmung, Hummeln im Hintern, Kribbeln in den Händen oder Beinen. Nicht umsonst gibt es zahlreiche Redewendungen zu menschlichen Gefühlsregungen: »Das geht mir an die Nieren«, »Da hat mein Herz einen Satz gemacht«, »Ich konnte die Füße einfach nicht mehr still halten«, »Das ließ mir die Haare zu Berge stehen«, »Das geht mir durch Mark und Bein.« Bestimmt fallen dir noch mehr ein.

ÜBUNG
Gefühlsorte

Bei der Vielfalt und Unterschiedlichkeit unserer Gefühle ist es wichtig, dass du deine Gefühle in deinem Körper verorten kannst:
— Schließe die Augen.
— Nimm dir eine Emotion wie »Freude« vor.

Verschiedene Gefühlsregungen

Positive Gefühle	Negative Gefühle
Befriedigung	Anspannung
Begeisterung	Ärger
Bewunderung	Aufregung
Dankbarkeit	Eifersucht
Ehrfurcht	Ekel
Erleichterung	Entsetzen
Freude	Enttäuschung
Gelassenheit	Frustration
Glück	Furcht
Hoffnung	Hass
Inspiration	Langeweile
Interesse	Leid
Liebe	Mitleid
Lust	Neid
Romantik	Scham
Stolz	Schmerz
Überraschung	Schock
Vergnügen	Schuld
Verlangen	Stress
Verliebtheit	Trauer
Vertrauen	Traurigkeit
Verzückung	Unzufriedenheit
Wertschätzung	Verachtung
Zufriedenheit	Verwirrung
	Verzweiflung
	Widerwillen
	Wut
	Zorn

— Visualisiere dein Gefühl. Erinnere dich dafür an eine Situation, in der du Freude empfunden hast.
— Wo in deinem Körper spürst du dieses Gefühl? Heben sich automatisch deine Mundwinkel? Wird es dir warm ums Herz? Nimmst du vielleicht ein kleines Flattern im Bauch wahr?

Nimm dir nach und nach das ganze Spektrum deiner Gefühle vor, sowohl der positiven als auch der negativen. Damit dich die Übung nicht zu sehr herunterzieht, gehe im Wechsel vor. Nimm dir nach jedem negativen auch ein positives Gefühl vor. Du musst auch nicht alle Gefühle verorten können oder kennen. Wenn du sehr empathisch bist, wirst du auch Gefühle spüren können, die du in deinem Leben noch nicht kennengelernt hast.

So entsteht langsam eine Art Landkarte der Gefühle, die du in deinem Körper verorten kannst. Dabei kann es schwarze Flecken geben, aber auch Orte, an denen du verschiedene Gefühle, vielleicht sogar auf unterschiedliche Art und Weise, spüren kannst.

Wahrheit und Lüge

Das Thema Wahrheit ist sehr komplex, sehr philosophisch und spirituell. In manchen Bereichen können wir klar zwischen Wahrheit und Lüge unterscheiden, in anderen Bereichen ist Wahrheit ein sehr dehnbarer Begriff. Um intuitiver zu sein, müssen wir aber wahrhaft und echt sein.

Wir können in unserem Leben zwischen zwei Wahrheiten unterscheiden: Zum einen haben wir alle eine biografische Wahrheit. Sie umfasst Fakten, zum Beispiel woher wir kommen, wie wir heißen und wann wir geboren sind. Diese Wahrheiten sind nachprüfbar und nach außen bekannt. Die andere Wahrheit ist unsere gelebte Wahrheit. Diese tragen wir unsichtbar für unsere Umwelt tief in uns. Es ist diese Wahrheit, die unser Leben, unser Empfinden, unser Handeln und unser Erleben betrifft. Was und wie wir fühlen, kann kein anderer Mensch so nachempfinden – aber auch nicht beeinflussen oder bestimmen.

So hat jeder Mensch seinen »Wahrheitspunkt«. So bezeichnet man den Ort im Körper, an dem man Wahrheit und Lüge spürt. Es macht etwas mit uns, wenn wir lügen oder belogen werden. Dieses Etwas können wir beschreiben und in unserem Körper verorten.

Finde deinen Wahrheitspunkt, indem du spürst, wie sich Wahrheit und Lüge für dich persönlich anfühlen. Unterscheide dabei zwischen dem Gefühl, wenn du selbst lügst, und dem, wenn du belogen wirst. Spüre, wo du Wahrheit spürst, besonders wenn es dir nicht leichtfällt, die Wahrheit zu sagen. Je sensibler du für deinen Wahrheitspunkt wirst, umso intuitiver kannst du Wahrheit und Lüge voneinander unterscheiden.

ÜBUNG
Lügen und Betrügen

Diese Übung kannst du gut mit einem kleinen Spiel mit Freunden oder deiner Familie verbinden. Bei uns hieß dieses Spiel »Lügen und Betrügen«, andere nennen es »Bullshit«. Ihr braucht dafür nur ein ganz normales Kartenspiel.

- Verteilt alle Karten an die Teilnehmer.
- Bestimmt, wer anfängt.
- Legt reihum die Karten verdeckt in die Mitte und sagt, was auf der Karte ist. Das kann die Wahrheit sein oder eine Lüge.
- Hast du das Gefühl, einen Mitspieler bei einer Lüge zu ertappen, rufe »Lüge!« oder »Bullshit!« (englisch für »Blödsinn«).
- Der Mitspieler muss nun seine gelegte Karte aufdecken. Hat er wirklich gelogen, muss er alle Karten aus der Mitte aufnehmen.

- Hat er die Wahrheit gesagt, musst du den Stapel aufnehmen.
- Wer zuerst keine Karten mehr hat, hat gewonnen.

Wichtig für unseren Kontext ist, wie du dich fühlst, wenn du lügst. Wie geht es dir, wenn du merkst, dass du gut im Lügen bist, oder wenn du bei jeder Lüge sofort ertappt wirst? Wie fühlt es sich an, belogen zu werden? Erkennst du die Lügen der anderen? Wie fühlt es sich an, wenn du merkst, dass ein Mitspieler besonders gut im Lügen ist?

ÜBUNG
Kopfblockaden

Selbstzweifel sind ein riesengroßes Hemmnis für unsere Intuition. Also müssen wir uns dringend mit ihnen beschäftigen.

- Nimm dir ein leeres Blatt Papier. Schreibe ganz oben den Satz »Ich kenne die beste Lösung« auf.
- Verinnerliche ihn und lies ihn ein- oder zweimal, am besten laut, vor.
- Was macht dieser Satz mit dir? Vermutlich spürst du eine innerliche Verweigerung. Der Satz fühlt sich für dich falsch an. Dir kommt sofort eine Reihe von Zweifeln in den Sinn.
- Schreibe deine Zweifel auf: »Das kann ich nicht ...«, »Das fühle ich nicht ...«, »Woher soll ich das wissen?«, »Ich bin unfähig ...«, »Das schaffe ich niemals ...« Notiere alles, was dir in den Sinn kommt, vielleicht auch Positives wie »Mir kann man vertrauen«. Bewerte deine Gedanken nicht. Höre erst auf zu schreiben, wenn dir nichts mehr einfällt. Du kannst die Liste auch ein paar Tage liegen lassen und ergänzen, wenn dir noch etwas einfällt.

—— Nun kommt der schwierige Schritt. Er erfordert, dass du sehr ehrlich zu dir bist. Schau dir deine Argumente an. In welche Richtung gehen sie? Spiegeln sie vor allem Angst und Unsicherheit wider? Oder stehen sie für gesellschaftliche Erwartungen? Was sagen sie über dich aus?
—— Vermutlich erkennst du bei dieser Analyse sehr schnell, dass sich deine negativen Argumente in vielen Fällen einfach entkräften lassen, besonders wenn du ihnen die positiven Argumente gegenüberstellst.

Die Visualisierung auf einem weißen Blatt Papier verstärkt den Effekt der Übung, weil unsere Gedanken so »Farbe bekennen müssen«. Unsere Gedanken und Gefühle werden klarer für uns, wenn wir sie ausformulieren und sie so eine Gestalt bekommen.

ÜBUNG
Fitnessstudio für die Sinne

Als Nächstes schicken wir unsere Sinne ins Fitnessstudio. Wir wollen sie trainieren, schärfen und sensibilisieren. Unsere Sinne brauchen wir, um achtsamer mit uns umzugehen und durch das Leben zu kommen. Für das kleine Sinnestraining brauchst du keine Hanteln oder Kardiogeräte, sondern wir starten mit so etwas Unscheinbarem wie einer Erdnuss oder einer Rosine – du solltest dein Trainingsgerät aber auf jeden Fall auch essen mögen.

SEHEN Lege die Erdnuss vor dir auf den Tisch. Betrachte sie. Wie groß ist sie? Wie ist ihre Oberfläche beschaffen? Ist sie ganz eben oder eher rau? Ist die Erdnuss gesalzen oder geschält? Schau ganz genau hin und nimm jedes noch so kleine Detail wahr.

FÜHLEN Nimm die Erdnuss in die Hand. Wie schwer ist sie? Ist sie warm oder kalt? Welche Form hat sie? Spürst du kleine Unebenheiten? Nimm dir mindestens zwei bis drei Minuten Zeit, auch wenn dir die Erdnuss sehr klein erscheint.

RIECHEN: Nimm den Geruch deiner Erdnuss wahr. Was macht den typischen Geruch aus? Riecht sie stark oder mild oder frisch? Könntest du den Geruch von anderen Gerüchen unterscheiden?

SCHMECKEN Jetzt kommt der Genuss. Du darfst die Erdnuss in den Mund nehmen. Aber langsam. Spüre die Erdnuss zuerst in deinem Mund, umrunde ihre Form mit deiner Zunge. Spüre, wie dir vielleicht schon das Wasser im Mund zusammenläuft. Was schmeckst du als Erstes? Dann beiße endlich zu. Erst ein einziger Biss. Verändert das den Geschmack? Dann zerkaue die ganze Erdnuss. Wie schmeckt sie jetzt? Schlucke alles hinunter und schmecke nach.

HÖREN Denkst du, du kannst eine Erdnuss nicht hören? Weit gefehlt. Während des ganzen Achtsamkeits-Prozesses kannst du hinhören. Höre wie die Erdnuss aus der Verpackung purzelt, vielleicht kannst du sogar hören, wie Salz von der Erdnuss auf die Tischoberfläche fällt. Und zum Schluss, wie sich die Erdnuss anhört, wenn du sie zerbeißt.

Wiederhole diese Übung immer wieder einmal mit anderen Objekten. Integriere gern auch einzelne Schritte davon in deinen Alltag. Du kannst auch versuchen, verschiedene Sinne beim Mittagessen intensiv einzubinden.

Wenn du gut geübt bist, kannst du auch von dem Training mit kleinen (essbaren) Objekten absehen und die einzelnen Schritte in jeder Situation anwenden, zum Beispiel beim Spielen mit deinen Kindern. Nimm den Moment mit all deinen Sinnen wahr. Was siehst, fühlst, riechst, schmeckst und hörst du?

ÜBUNG
Intuitionstagebuch

Oft ist uns gar nicht klar, wann und wo wir in unserem Alltag schon intuitiv handeln. Vielleicht bestimmt deine Tagesform, was du morgens anziehst, du hörst auf deine innere Stimme, wann und was du isst, gehst ohne Einkaufszettel in den Supermarkt oder machst Sport, wenn dir danach ist.

Ein Intuitionstagebuch kann uns helfen, genau diese Alltäglichkeit unserer Intuition aufzudecken. Indem wir unsere intuitiven und

Fragen für dein Intuitionstagebuch

Folgende Fragen kannst du dir stellen, wenn du dein Tagebuch schreibst:

— Hatte ich heute besondere Ideen?
— Hat mich heute etwas sehr inspiriert?
— Hatte ich heute eine Art Eingebung?
— Welche großen und kleinen Entscheidungen habe ich heute getroffen?
— Wieso habe ich mich so entschieden?
— Habe ich mich vorher viel informiert? Oder habe ich mich auf mein Gefühl verlassen?
— Haben Außenstehende meine Entscheidungen beeinflusst?
— Wie habe ich meine Intuition heute wahrgenommen? Wie hat sie sich angefühlt? Hat sie mir weitergeholfen oder war sie blockiert?
— Was hat meine Intuition blockiert? Warum konnte ich ihr nicht folgen? Wie fühle ich mich damit?
— Bin ich heute meiner Intuition gefolgt? Welche Auswirkungen hatte das?

Intuition finden

nichtintuitiven Erfahrungen aufschreiben, lenken wir unsere Aufmerksamkeit immer mehr auf unsere innere Stimme und verstehen zunehmend besser, wie sie sich zeigt und wie sie funktioniert. So entwickeln wir ein feines Gespür dafür, wie, wann und in welcher Form uns Intuition im Alltag begegnet, aber auch was sie blockiert.

Stelle in deinem Tagebuch intuitive und rationale Entscheidungen gegenüber. Verwende dafür gern eine Tabelle. Dadurch siehst du auf einen Blick, ob dein Kopf oder dein Bauch die meisten deiner Entscheidungen trifft. Du erkennst dadurch auch, in welchen Momenten du eher nach deinem Gefühl und in welchen du nach deiner Vernunft gehst. Mache so Kopfentscheidungen aus, bei denen du dich beim nächsten Mal vielleicht aus dem Bauch heraus entscheiden könntest.

Untersuche deinen Alltag auch auf Entscheidungen, die durch Gewohnheiten geprägt sind. Nur weil ihr das immer so macht, ist es vielleicht trotzdem nicht der richtige Weg für deine Familie. Hinterfrage deine Gewohnheiten: Passen sie zu dir und deiner Familie?

Intuitionen entwickeln

Jetzt heißt es: Kopf aus, Intuition an! Die folgenden Übungen gehen über das reine Spüren von intuitiven Gefühlen hinaus und zeigen dir, wie du deinem Unterbewusstsein noch besser zuhören kannst. Deine Intuition wird gar nicht anders können, als sich dir zu zeigen.

ÜBUNG
Der Gedankenzuhörer

Hast du schon einmal versucht, nichts zu denken? Es geht einfach nicht. Unser Gehirn ist pausenlos aktiv – sogar im Schlaf.

In der nächsten Übung kannst du das für dich nutzen. Versuche einmal, deine Gedanken nicht zu lenken, sondern sie frei fließen zu lassen. So lernst du, deinem Unterbewusstsein sehr aktiv zuzuhören, und entdeckst vermutlich Erstaunliches über dich selbst.

— Mache es dir bequem und lass deine Gedanken aus dem Nichts kommen.
— Beobachte deine Gedanken. Was kommt dir in den Sinn? In welche Richtung gehen deine Gedanken? Springen sie hin und her? Oder kreisen sie um ein bestimmtes Thema? Lass deine Gedanken erst einmal nur umherschweifen.
— Im nächsten Schritt darfst du deine Gedanken bewerten. Waren sie visuell geprägt? Waren sie eher ruhig oder wirr und unruhig? Waren sie vernunftgesteuert, indem du To-do-Listen im Kopf durchgegangen bist? Oder schlugen deine Gedanken sogar kreative Wege ein?

Wie sich deine Gedanken bewegen, welche Gedanken sich bilden und formen, sagt sehr viel über dich aus.

ÜBUNG
Assoziationsketten

Auch diese Übung spielt mit dem, was dir spontan in den Sinn kommt, ist aber etwas gelenkter als der freie Fluss deiner Gedanken aus der vorangegangenen Übung. Denn nun lässt du deine Gedanken nicht einfach fließen, sondern lässt sie um eine bestimmte Sache kreisen, indem du Assoziationen in deinem Kopf hervorrufst. Wähle ein Thema, einen Gedanken, eine Idee und lass dich von dieser gewählten Sache inspirieren. Beobachte deine Gedanken.

— Als Einsteiger arbeitest du am besten mit konkreten Bildern, Worten oder Sinneseindrücken. Das kann zum Beispiel der Stift sein, der vor dir auf dem Schreibtisch liegt. Du erkennst die Farbe.

Intuitionen entwickeln

Vielleicht erinnert dich die Farbe an etwas. Oder du sinnierst über die Begrifflichkeiten: Warum heißt es »Stift«, »Bleistift«, »Filzstift« und »Kugelschreiber«? Aber warum geht jemand stiften? Du erinnerst dich an alles, was du schon einmal über Stifte gelesen hast. Deine Gedanken können aber auch sehr persönlich werden, weil dich der Stift an etwas erinnert, das du damit geschrieben hast.

— Du kannst dir für diese Assoziationskette nicht nur eine Sache vornehmen, die du gerade siehst, sondern auch Dinge, die du hörst, riechst, schmeckst oder fühlst. Bilde doch eine Assoziationskette zu dem Pullover, den du gerade auf deiner Haut spürst.

— Du kannst aber auch eine Zeitung an einer beliebigen Stelle aufschlagen und dir Gedanken dazu machen, was dir als Erstes ins Auge springt. Oder blättere in einem Buch, lass deinen Finger über einer Seite kreisen und wähle so zufällig ein Wort aus, zu dem du dir Gedanken machst.

— Steigere den Schwierigkeitsgrad deiner Assoziationen, indem du dir Gedanken zu einer einzigen Emotion machst. Suche dir zum Beispiel ein Gefühl aus der Tabelle »Verschiedene Gefühlsregungen« (Seite 57) aus. Was kommt dir zu diesem Gefühl in den Sinn? Kennst du das Gefühl oder ist es dir fremd? Verbindest du Erinnerungen mit diesem Gefühl? Erinnert dich das Gefühl an einen Film oder eine Serie? Magst du das Gefühl oder fühlst du dich bei den Gedanken unwohl?

Du siehst, Gedanken können bei Assoziationen ganz eigene Wege gehen. Welche Wege schlagen sie bei dir ein?

ÜBUNG
Mustergültig

Die nächste Übung soll den kreativen Teil deiner Intuition stimulieren und funktioniert sehr visuell. Denn Intuition und Kreativität sind eng miteinander verbunden. Kreativität ist in der Regel eine spontane Eingebung und lässt sich nicht steuern – aber sie kann trainiert werden. Zum Beispiel, indem du alltäglichen Dingen, die dich umgeben, neuen Zauber verleihst.

Bestimmt erinnert dich diese Übung sehr an deine Kindheit. Hast du früher auch aus dem Fenster oder auf einer Wiese liegend in den Himmel geschaut und in den Wolken Tiere, Formen oder Figuren erkannt? Warum hast du damit aufgehört? Fange am besten heute wieder damit an, wenn es der Himmel hergibt.

Sollte der Himmel aber aktuell eher grau in grau sein, lassen sich spannende Muster auch in Tintenbildern erkennen. Oder du gehst mit offenen Augen durch deine Wohnung oder draußen umher und versuchst, Gesichter in Gegenständen zu entdecken. Ein Toaster, ein Stromkasten, ein Briefkasten – sie alle können lustige Gesichter haben. Du wirst merken, wie viel Freude es macht, wenn aus dem Mülleimer an der Straßenecke ein freundliches Monster wird. Aber Achtung: Diese Übung hat »Folgen«. Du wirst nie wieder nur einen Mülleimer darin sehen, sondern immer auch das Gesicht oder die Figur, die du darin erkannt hast.

ÜBUNG
Die Intuitions-Ampel

Bei dieser Übung geht es darum, deine Intuition zu visualisieren. Stelle dir eine Frage, am besten eine Frage, die sich klar mit Ja oder Nein beantworten lässt.

—— Denke intensiv an deine Frage – aber nur an die Frage. Versuche, noch keine Lösung zu finden.

—— Deine Frage kann etwas Banales sein wie »Möchte ich heute den roten Pullover anziehen?«, »Habe ich Lust auf Müsli zum Frühstück?« oder »Gehe ich später mit meinem Kind auf den Spielplatz?«.
—— Später kannst du die Übung auch mit komplexen Fragen ausprobieren wie »Fühle ich mich bei dem Kinderarzt wohl?«, »Ist der neue Kindergarten der richtige für unser Kind?« oder »Hat sich mein Kind heute anders verhalten, als es aus der Schule gekommen ist?«.
—— Mit deiner Frage im Kopf und voller Konzentration darauf stelle dir nun eine Ampel vor. Ganz spontan – in welcher Farbe leuchtet sie auf? Lenke deine Vorstellung nicht in eine bestimmte Richtung. Im Anschluss kannst du dir noch genug Gedanken darüber machen, was die jeweilige Farbe für dich bedeutet. Jetzt geht es nur um den reinen, ersten Impuls, der oft Erstaunliches zu Tage bringen kann.

GRÜN ist wie im Straßenverkehr ein ganz klares »Go!« Oder auch ein eindeutiges »Ja«.

ROT bedeutet »Stopp!« oder »Nein«.

GELB heißt »Vielleicht«. Betrachte eine Vielleicht-Antwort eher als eine Art Phase. Im Verkehr bleibt Gelb auch nicht stehen, sondern ist ein Zeichen, dass die Ampel gleich von Grün auf Rot wechselt oder umgekehrt. Gelb zeigt, ob man schon anhalten sollte oder gleich weiterfahren darf. Spüre in dich hinein: Welche Farbe könnte bei dir auf die Gelb-Phase folgen? Leuchtet bei dir sehr häufig Gelb auf, hast du offensichtlich Probleme mit klaren Entscheidungen und brauchst unter Umständen einen besseren Zugang zu deiner Intuition. Versuche einmal zu hinterfragen, woher die Gelb-Tendenz bei dir kommt.

Bei manchen Menschen geht diese Übung schließlich in den Alltag über. Bei kleinen oder großen Fragen leuchtet bei ihnen vor dem geistigen Auge eine Ampel auf und hilft intuitiv bei Entscheidungen.

ÜBUNG
Urlaub im Kopf

Gedanken-, Traum- und Fantasiereisen sind eine wundervolle Art und Weise, unserem Unterbewusstsein zuzuhören. Sie sind nicht nur herrlich entspannend – was alle Eltern regelmäßig gebrauchen können –, sondern führen uns auch an die schönsten Orte.

- Um in Gedanken zu verreisen, legst du dich am besten bequem hin.
- Schließe die Augen und versuche, dich zu entspannen.
- Stelle dir nur einen Ort vor, an den du dich am liebsten direkt beamen möchtest.
- Stelle dir die kleinsten Details vor: Was hörst du? Was siehst du? Was fühlst du? Was machst du? Bist du allein oder wer darf dich begleiten?

Es gibt zahlreiche Möglichkeiten, über Meditationsapps, Streamingdienste oder Websites Unterstützung durch geführte Fantasiereisen zu bekommen, wenn du dich allein nicht so gut auf die Reise begeben kannst. Finde den Weg, der am besten zu dir passt.

Intuition festigen

Nachdem du die vorangegangenen Übungen gemacht hast, nimmst du deine Intuition wahrscheinlich nicht mehr nur als kleine, leise Stimme in deinem Inneren wahr, sondern du kannst sie viel lauter hören und sie deutlich besser verstehen. Dieses Gefühl kannst du mit den folgenden Übungen festigen und tief in dir verankern. Lerne so, deinem Unterbewusstsein erst genau zuzuhören und dann das »Gehörte« in etwas Produktives umzuwandeln.

ÜBUNG
Der Erfinder

Unsere Kreativität ist der wichtigste Motor für neue Funktionsweisen und spannende Problemlösungen. »Der Erfinder« ist ein wunderbar kreatives Spiel. Lass deine Rationalität einmal beiseite. Es geht hierbei nicht um funktionale, praktikable oder tatsächlich umsetzbare Ergebnisse, sondern darum, etwas Neues zu denken. Mit dem Erfinder-Spiel können wir noch mehr aus uns herauskitzeln und aktivieren.

- Nimm 8, 10 oder 20 kleine Zettel zur Hand und schreibe ganz zufällig Wörter (zum Beispiel: Pferd, Stuhl, Stift, Garage, Garten, Glas, Tasse, Jacke) darauf. Fange ruhig erst einmal mit wenigen Zetteln an und steigere die Anzahl mit der Zeit. Wichtig: Die Anzahl der Zettel muss durch zwei teilbar sein.
- Lege die Zettel verkehrt herum auf den Tisch und mische sie.
- Ziehe nun zwei Zettel. Was steht auf deinen Zetteln? Stelle dir beide Begriffe bildlich vor.
- Versuche dann, aus beiden Begriffen etwas zu erfinden. Wenn du »Pferd« und »Stuhl« gezogen hast, wäre ein einfacher Gedanke zum Beispiel ein spezieller Stuhl als Hilfe für den Reiter, um auf sein Pferd zu steigen. Aus welchem Material wäre der Stuhl? Er müsste auf jeden Fall robust und schmutzresistent sein. Auch eine

klappbare Variante für den Transport wäre denkbar. Die Gedanken könnten sich aber auch um eine ganz andere Idee drehen. Wie wäre es zum Beispiel mit einer Spezialanfertigung, die es körperlich behinderten Kindern, die nicht ohne fremde Hilfe sitzen können, ermöglicht, auf einem Pferd zu reiten, weil dieser Stuhl das Kind stützt? Oder ein Stuhl, der dem Schmied seine Arbeit erleichtert? Der Fantasie sind keine Grenzen gesetzt. Du musst auch nicht prüfen, ob es deine Ideen schon gibt. Es geht ganz allein darum, in Gedanken durch Verknüpfung etwas (für dich) Neues zu erschaffen.

—— Wenn dir diese Übung Freude bereitet, kannst du sie auch ganz einfach in deinen Alltag integrieren. Bereite eine kleine Box mit vielen Begriffen vor, ziehe daraus jeden Tag ein neues Begriffspaar und erfinde drauflos.

—— Eine weitere Dimension gewinnt das Spiel, wenn du die Begriffe in Kategorien »zufällige Wörter« und »Emotionen« aufteilst. Ziehe nun aus jeder Kategorie jeweils einen Zettel, zum Beispiel »Jacke« und »Wut«. Stell dir die Emotion und den Begriff plastisch vor. Was könnten eine »Jackenwut« oder eine »Wutjacke« sein? Wer könnte so etwas brauchen? Wer könnte so empfinden und warum? Ist es das Gefühl, wenn man auf besseres Wetter hofft, aber doch zur Regen- oder Winterjacke greifen muss? Oder das Gefühl, dass Wut einen einhüllt wie eine zu enge Jacke, die die Bewegung einschränkt und einen am Handeln hindert? Es ist spannend, welche Kombinationen – und Gefühle – bei dieser Variante des Erfinder-Spiels entstehen.

ÜBUNG
Der Geschichtenerzähler

Diese Übung kommt dir vielleicht bekannt vor, denn wer hat zu Schulzeiten nicht mindestens einmal die Aufgabe bekommen, einen Satz oder eine Geschichte weiterzuschreiben? Aber wann hast du das das letzte Mal gemacht? Es ist vermutlich gefühlt eine Ewigkeit her. Dabei trainiert diese Übung nicht nur unsere Intuition und Kreativität, sondern auch unsere Empathie. Denn um eine Geschichte fortzusetzen, muss man sich gut in Figuren hineinversetzen können.

— Nimm dir ein (dir unbekanntes) Buch, die Tageszeitung oder besser noch ein Magazin. Schreib dir den ersten Satz des Buches, eines Kapitels oder eines Artikels ab. Und bitte lies nicht weiter! Das ist Mogeln und verdirbt dir nur den Spaß.

— Lass den Satz auf dich wirken. Lies ihn vielleicht noch ein- oder zweimal durch. Und dann schreibe den Satz weiter. Was wird passieren?

— Du musst keinen ganzen Roman schreiben, sondern denke dir eine Situation, eine kurze Sequenz oder eine kleine abgeschlossene Geschichte aus. Denke nicht lange darüber nach, sondern formuliere, was dir als Erstes in den Sinn kommt. Welche Bilder und Gedanken sind dir bei deinem Satz zuerst eingefallen? Arbeite genau damit.

ÜBUNG
Freies Schreiben

Diese Übung funktioniert sehr ähnlich wie die vorige. Allerdings gibt es beim freien Schreiben keinerlei Vorgaben. Damit kann das freie (oder kreative) Schreiben sehr viel über unser Inneres aussagen. Beim freien Schreiben reflektieren wir zwangsläufig über unsere Gefühle und Gedanken. Es gibt viele Menschen, die diese Art des Schreibens als sehr befreiend, fast schon therapeutisch, empfinden.

—— Setze dich vor ein leeres Blatt Papier und schreibe auf, was dir in den Sinn kommt. Am Anfang mag dir das vielleicht noch schwerfallen und dir fällt nichts ein. Das ist nicht schlimm, sondern ganz normal. Wichtig ist, dann nicht Nichts zu schreiben, sondern »Mir fällt nichts ein« zu notieren oder einfache Schwungübungen (wie Kreise, Striche, Streifen oder Kringel) zu machen. Versuche, deinen Stift nicht abzusetzen. Erkunde dabei deine Gefühle und schreibe diese dann auf.

—— Vielleicht fliegt dein Stift aber auch regelrecht über das Papier. Du schreibst Erinnerungen auf, gehst den letzten Tag durch oder planst den nächsten. Du schreibst dir alles von der Seele. Im Schreibprozess erlangst du manchmal ganz neue Erkenntnisse über dich oder bestimmte Situationen. Durch diese Übung hast du sie dann schwarz auf weiß.

ÜBUNG
Freies Malen

Wer keinen Zugang zum Schreiben bekommt, kann auch Malen. Beim freien Malen geht es nicht darum, ein Kunstwerk zu schaffen, sondern zu schauen, wie und wohin dein Stift dich führt.

—— Setze deinen Stift möglichst nicht ab und verwende freie Linien und Formen.

—— Welche Formen nimmt dein Bild an? Benutzt du weiche und fließende Bewegungen oder drückst du stark auf, malst kantig und abgehackt?

— Benutzt du die ganze Fläche des Papiers oder nur einen Teil?
— Sind deine Striche wild und durcheinander oder folgen sie einer gewissen Struktur?
— Was erkennst du in deinem Gemalten? Spiegeln deine Zeichnungen deine Gefühle wider oder erkennst du Konkretes?

Du wirst überrascht sein, wie viel dein scheinbar unbedacht Gemaltes über deine Stimmung und auch über dich aussagt.

ÜBUNG
Futter für das Unterbewusstsein

Unser Unterbewusstsein ist wie ein Schrank voller Wissen, aus dem wir uns ganz unbewusst bedienen können. Aber es braucht Input, um richtig zu arbeiten und zu funktionieren. Nur so gelangen Informationen in unser Erfahrungswissen, die wir bei Bedarf abrufen können. Dabei geht es nicht darum, Fakten auswendig zu lernen – ganz im Gegenteil: Es geht um die reine Aufnahme von möglichsten vielen und unterschiedlichen Informationen. Nur so entsteht in uns ein besonderes Gefühl: »Das kenne ich doch irgendwoher«, »Das kommt mir bekannt vor«, »Das habe ich doch irgendwo schon einmal gelesen oder gesehen.«

Unsere Intuition nährt sich von Informationen. Und die können wir fast überall abgreifen. Ob Lesen, Podcasts hören oder Dokumentationen schauen – die Welt, die uns umgibt, ist voll von Wissenswertem. Dabei dürfen wir uns auch gern einmal auf unbekanntes und vielleicht sogar auf unbeliebtes Terrain begeben. Geschichte oder Physik waren nicht gerade deine Lieblingsfächer in der Schule? Lies doch mal eine kleine Biografie über eine historische Person oder versuche herauszufinden, wie Schwerkraft funktioniert. Wähle nicht gleich eine wissenschaftliche Abhandlung darüber aus, sondern suche nach einfachen Erklärungen oder schau mal wieder »Die Sendung mit der Maus«.

Du kannst daraus auch ein Spiel machen: Battel dich mit einer anderen Person (Freundin, Partner, Kollege, …), indem ihr jeweils einen Internetartikel pro Tag oder Woche für den anderen heraussucht. Dieser Artikel muss gelesen und kurz mit eigenen Worten wiedergegeben werden. Dadurch lernt ihr immer wieder etwas Neues und erweitert stetig euren Horizont.

ÜBUNG
Der Traumdeuter

Träume sind ein spannender Spiegel unseres Unterbewusstseins – vor allem, wenn wir uns mit ihnen beschäftigen.

- Wenn du dich noch nie mit deinen Träumen auseinandergesetzt hast, kannst du am Anfang Probleme haben, dich an sie zu erinnern. Dann brauchst du nicht gleich aufzugeben, sondern beginnst mit kleinen Bruchstücken. Frage dich, warum du dich genau daran erinnern kannst.
- Mit der Zeit werden die Traumsequenzen, an die du dich erinnerst, länger. Am besten versuchst du, sie aufzuschreiben. Dann kannst du sie deuten. Stehen sie in einem Zusammenhang mit etwas, das du erlebst hast? Ist das schon länger her oder ist es dir erst gestern passiert? Hast du wiederkehrende Träume? Hat das etwas zu bedeuten? Sagen Albträume etwas über dich oder dein Leben aus? Könnten sie für versteckte Ängste oder Sorgen stehen?
- Wer sich intensiv mit seinen Träumen beschäftigt, ist unter Umständen auch in der Lage, seine Träume zu lenken. Dabei können Entspan-

nungsrituale vor dem Schlafengehen helfen. Denn wer entspannt einschläft, nimmt weniger Sorgen mit ins Bett – und in seine Träume.
— Wenn du möchtest, kannst du dir vor dem Schlafen auch vornehmen, von etwas Bestimmtem zu träumen. Indem wir uns in den letzten wachen Momenten intensiv mit etwas beschäftigen, erhöht das die Wahrscheinlichkeit, dass unser Unterbewusstsein diese Gedanken auch in den Träumen fortsetzt.
— Hierbei gilt unbedingt die »Nicht-Nicht-Regel«. Denke an das, wovon du träumen möchtest, und nicht an das, was dir auf keinen Fall in deinen Träumen begegnen soll. Die Gefahr, dass sich das Negativ-Bild manifestiert, ist viel zu hoch. Darauf: Gute Nacht!

Intuition benutzen

In unserem Alltag sind wir oft viel intuitiver, als wir denken. Wenn wir die Welt um uns herum wahrnehmen und Situationen erfassen, ist unsere Intuition zwangsläufig an deren Beurteilung beteiligt. Im Vergleich mit unserem unterbewusst gespeicherten Wissen erkennen wir eine Gefahr, unabhängig davon, ob wir Ähnliches schon einmal erlebt haben oder die Situation neu für uns ist. Haben wir eine positive oder negative Einstellung zu etwas? Empfinden wir Abneigung oder Sympathie? All das und noch viel mehr spult unsere Intuition in Bruchteilen von Sekunden ab.

Ohne Intuition würden wir niemanden auf der Straße erkennen, denn dafür muss unser Gehirn blitzschnell Bilder scannen und verarbeiten. Wenn wir jedes Mal darüber nachdächten, ob wir jemanden wirklich kennen, gingen wir wie mit Scheuklappen durch die Welt.

Das intuitive Erkennen anderer Menschen geht aber noch viel weiter. Unsere Menschenkenntnis – sei sie noch so gut oder schlecht – ist stark von unserem Bauchgefühl geprägt. Wir haben oft keine rationale, logische Erklärung dafür, dass wir jemandem vertrauen oder misstrauen.

Genauso verhält es sich mit unserem Geschmack. Kannst du erklären, warum dir die Farbe Gelb gefällt, dir Birnen schmecken, aber Brokkoli nicht, und Schildkröten deine Lieblingstiere sind? Dafür gibt es keine Erklärungen, die in Worte zu fassen sind. Letztlich reduziert sich deine Antwort auf dein inneres Gefühl.

Die nächsten Übungen zeigen dir, wie intuitiv du im Alltag schon bist, stärken deine Intuition aber auch noch mehr. Wende deine Intuition beim Training an – ohne groß darüber nachzudenken, denn deine innere Stimme ist tief in dir verankert und für dich verlässlich spürbar.

ÜBUNG
Die innere Uhr

Unseren Tagesablauf bestimmt unsere innere Uhr. Durch unseren Biorhythmus werden wir wach, wenn es hell wird, und müde, wenn es dunkel wird. Unser Hunger bestimmt, wann wir etwas essen. Oder aber unsere Gewohnheit.

Je mehr Rituale wir in unserem Leben haben, umso sicherer und zuverlässiger ist unsere innere Uhr. Ohne auf die Uhr zu schauen, wissen wir, dass es Zeit für eine Mahlzeit ist, um vom Spielplatz nach Hause zu gehen oder sich (oder das Kind) für das Bett fertig zu machen. Aber traust du dich auch, deiner inneren Uhr komplett zu vertrauen?

—— Versuche doch einmal, Nudeln ohne Eieruhr zu kochen. Oder lass bei eurem nächsten Playdate deine Uhr zuhause und gehe erst, wenn du glaubst, dass es Zeit ist zu gehen. Du wirst erstaunt sein, dass du zu einer bestimmten Uhrzeit so etwas wie einen starken inneren Drang spüren wirst, aufzustehen und heimzufahren.

Steigere diese Übung, indem du dir keinen Wecker stellst. Stelle dir die Zeit vor, zu der du am nächsten Morgen aufstehen möchtest. Visualisiere die Zahlen vor deinem inneren Auge. Denke an diese Uhrzeit kurz bevor du einschläfst. Schlafe und lass dich überraschen, wann du am nächsten Morgen wach wirst. Hat es geklappt? Bist du zur gewünschten Uhrzeit wach geworden? Konntest du ruhig und entspannt schlafen oder bist du immer wieder wach geworden, um auf die Uhr zu schauen?

Intuitives Aufwachen

Wenn du von selbst wach wirst, hat das einen großen, entscheidenden Vorteil: Kein Wecker reißt dich aus einer Tiefschlafphase, sondern du wachst in deiner natürlichen Aufwachphase auf und bist dadurch deutlich erholter und kannst munter in den neuen Tag starten.

ÜBUNG
Entweder – oder

Wusstest du, dass du mit einem beliebten Fragespiel deine Spontanität stärken kannst? Das bekannte und beliebte »Entweder-oder-Spiel« ist mehr als ein witziger Zeitvertreib, bei dem man seine Mitspieler einerseits besser kennenlernen kann und andererseits selbst (unbedeutende) Entscheidungen treffen muss.

Der Mensch hat anscheinend eine unendliche Faszination für das Fragen-Stellen. Schon im Kindergarten werden Fragen gestellt wie »Magst du lieber Katzen oder Hunde?«, »Magst du lieber Blau oder Pink?«. Solche Fragen zu beantworten, ist simpel und macht Spaß. Entweder-oder-Fragen werden oft benutzt, wenn sich zum Beispiel zwei Personen bei einem Date oder eine Personengruppe bei einem Seminar oder auf einer Party auf eine lockere Art näher kennenlernen wollen. So ist das Eis schnell gebrochen.

— Beim Entweder-oder-Spiel gebt ihr den Mitspielern stets genau zwei möglichst gegensätzliche Möglichkeiten vor, zwischen denen gewählt werden muss. Die Möglichkeiten dabei sind unbegrenzt. Ihr könnt euch selbst Fragen ausdenken oder euch Fragen im Internet suchen.

— Dabei gibt es einfache und eher oberflächliche Fragen (»Kaffee oder Tee?«) und Fragen, die deutlich tiefer gehen (»Geld oder Ruhm?«, »Unsterblich oder Todesdatum kennen?«, »Fragen stellen oder beantworten?«).

— Ob ihr beim Spielen auch Antworten wie »beides« oder »nichts« zulasst, ist euch überlassen. Um eure Intuition und Spontanität zu stärken, nehmt die Regeln aber nicht zu ernst. Es gibt immer Fragen, bei denen man sich nicht entscheiden kann. Entweder favorisiert man beide Antworten oder lehnt beide ab. Auch »beides« oder »nichts« können zulässige Antworten sein, wenn das die erste Eingebung ist.

— Solltest du aber nur sehr selten in der Lage sein, dich klar zu entscheiden, frage dich, warum das so ist. Warum ist es so schwer für dich, eine eigene Meinung zu haben und Stellung zu beziehen? Versuche, daran zu arbeiten.

ÜBUNG
Der Wahrsager

Du denkst dir bestimmt: Niemand kann die Zukunft vorhersagen – aber es macht Spaß, es zu versuchen. In so vielen Situationen ist es möglich, sich vorher zu überlegen, was als Nächstes passiert. Zum Beispiel:

— Wer ruft als Nächstes an?
— Wer steigt als Nächstes in die Bahn?
— Was legt die Person vor mir an der Kasse auf das Band?
— Welches Wetter haben wir morgen?

Deine Vorhersagen werden von deinem Erfahrungswissen geprägt sein. Wenn deine Mutter immer zu einer bestimmten Zeit anruft, dann wirst du ihren Anruf erwarten. Wenn die Bahn durch das Bankenviertel fährt, wirst du Männer und Frauen in Business-Outfits erwarten. Wenn vor dir an der Kasse eine Frau mit einem Säugling im Kinderwagen steht, werden dich Windeln und Milchpulver wenig überraschen. Im Herbst wirst du einen Regenschirm mitnehmen, weil du mit Regen rechnest. Obwohl du es nicht genau wissen kannst, wirst du bei deinen Vorhersagen eine gewisse Trefferquote haben. Wird sie mit der Zeit vielleicht sogar besser?

ÜBUNG
Stummfilm

Unsere Kommunikation besteht nicht nur in Worten – Mimik und Gestik machen einen großen Teil davon aus. Viel Kommunikation findet ohne ein einziges Wort, das gesprochen wird und das wir verstehen, statt. Dennoch kann ein Blick so viel mehr sagen als tausend Worte. Diesen nonverbalen Aspekt von Sprache verstehen wir überwiegend intuitiv.

Es gibt eine schöne Übung dafür, verbal Gesagtes von Mimik und Gestik zu trennen. Alles, was du dafür tun musst, ist, einen Film zu schauen – allerdings ohne Ton (und ohne Untertitel).

—— Wähle am besten einen Film oder eine Serie aus, die du noch nicht kennst. Versuche, der Story zu folgen.

—— Statt ohne Ton kannst du auch eine Sprache wählen, die du nicht beherrschst. Dann kannst du Mimik und Gestik noch um den Faktor Intonation ergänzen. Erkennst du Emotionen, die dargestellt werden? Worum geht es?

—— Oder schau dir mit einer oder mehreren Personen einen Film ohne Ton an, den alle Beteiligten noch nicht kennen. Nun synchronisiert ihr die einzelnen Szenen.

—— Versucht zu erfassen, was in der Szene passiert. Da die Synchronisation bei diesem Spiel quasi in Echtzeit geschehen muss, erfordert es von euch viel Spontanität und Intuition für die Emotionen von Fremden.

—— Schaut euch anschließend die Szene mit Ton an – wie dicht wart ihr am Original?

ÜBUNG
Mindmaps

Mindmaps sind eine kreative Methode, durch Visualisierung Lösungen zu finden und Informationen zu verinnerlichen. Auch wenn du den Wald vor lauter Bäumen nicht mehr siehst, kann Mindmapping sehr hilfreich sein. Mindmaps sind eine besonders kreative Weise, an Problemstellungen heranzugehen, und sehr gut geeignet, um jegliche Thematik sowie komplexe Zusammenhänge zu erschließen, zu strukturieren und bildlich sowie übersichtlich darzustellen. Ergänzungen und Erweiterungen von Informationen sind jederzeit möglich. Man fügt einfach neue Äste hinzu.

Zum Ideensammeln und Brainstorming sind Mindmaps deswegen gut zu gebrauchen, weil jedes Schlüsselwort weitere Assoziationen hervorrufen kann. Dadurch lassen sich großräumige Mindmaps aufbauen. Assoziationen helfen dabei, dass sich Gedanken frei entfalten können, und die Fähigkeit unseres Gehirns, in Kategorien zu denken, zu nutzen. Je spontaner die Assoziationen sind, desto intuitiver wird die Mindmap.

Eine Mindmap muss dabei keinen künstlerischen Anforderungen gerecht werden oder besonders akkurat sein. Wenn du deine Ziele zu hochsteckst, behinderst du dich selbst und den freien Fluss deiner Gedanken. Eine Mindmap erstellst du nicht für andere, sondern für dich, um deine Gedanken zu ordnen. Um sie anderen zu präsentieren, kannst du deine Mindmap anschließend, auch digital, überarbeiten.

— Mindmaps bauen sich in der Regel von innen nach außen auf. In der Mitte steht der zentrale Begriff, um den mit Ästen und Vergabelungen assoziierte Begriffe angeordnet werden. Die Schrift wird nach außen hin immer kleiner, die Begriffe spezieller und manchmal auch weniger wichtig. Die Analyse, wo du was hingeschrieben hast, kann schon spannende Erkenntnisse bringen. Warum sind manche Gedanken im Fokus und andere eine Randnotiz?

— Experimentiere herum und finde eine passende Vorgehensweise für dich. Mit der Zeit wirst du einen ganz eigenen Stil für deine Mindmaps entwickeln. Jeder nutzt Mindmaps anders und hat seine eigene Art. Hast du zu Beginn noch Probleme dabei, einzuschätzen, wie viel Platz du insgesamt oder für einzelne Stichwörter benötigst, entwickelst du dafür langsam, aber sicher ein zuverlässiges Gespür. Sprudeln deine

Gedanken geradezu, weißt du zum Beispiel, dass du viel Platz brauchen wirst. Kommen die Gedanken nur zögerlich, wird sich das auch in der Gestaltung zeigen.

Den Aufbau einer Mindmap kannst du auch umdrehen. Du erhältst erstaunlich intuitive Ergebnisse, wenn du einmal von außen nach innen arbeitest.

- Schreibe an den Rand einer solchen »umgedrehten Mindmap« ganz zufällig vier bis sieben Begriffe. Lass die Begriffe auf dich wirken. Ergänze durch Äste deine spontanen Eingebungen. Versuche, deine Begriffe immer mehr zuzuspitzen, ohne jedoch zu gekünstelt und verkrampft an die Sache heranzugehen. Verkopfe den Prozess nicht. Schreibe auf, was dir gerade einfällt.
- So könnten zum Beispiel die Wörter »Ast«, »Handy«, »Stift« und »Verantwortung« über die Assoziationen »Ast–Baum–Wurzeln–Fundament«, »Handy–Kommunikation–Erreichbarkeit–zuverlässig«, »Stift–schreiben–Gedanken–teilen«, »Verantwortung–beschützen–Lieblingsmenschen« auf den Begriff »Familie« zugespitzt werden. Aber das ist nur ein Beispiel von vielen. Sobald sich auch nur ein Begriff ändert, kann die umgekehrte Mindmap eine ganz andere Aussage erhalten.
- Auf diese Weise rückt nach und nach ein Begriff ins Zentrum deiner Mindmap. Lass dich überraschen, was in der Mitte zum Vorschein kommt. Erinnere dich daran, dass in der Mitte das Wichtige steht. Was sagt das über dich aus?

Die hohe Kunst der spirituellen Intuition

Dienten die vorherigen Übungen noch dem Zweck, unsere Intuition direkt zu trainieren, bewegen sich die nun folgenden Übungen auf einer anderen Ebene. Sie sind wesentlich spiritueller und fördern indirekt verschiedene Bereiche unserer intuitiven Intelligenz:

— die Fähigkeit, unterbewusst Informationen aufzunehmen und zu speichern,
— die Fähigkeit, Informationen unterbewusst zu verarbeiten,
— die Fähigkeit, Botschaften aus unserem Unterbewusstsein wahrzunehmen.

Aus diesen einzelnen Fähigkeiten ergibt sich im Ganzen das feine Gebilde unserer intuitiven Intelligenz.

ÜBUNG
Fragen an das Unterbewusstsein

Wir können allein durch die Kraft unserer Gedanken Fragen an unser Unterbewusstsein schicken. Mit gezielten Fragestellungen können wir die unterbewusste Informationsverarbeitung nicht nur anregen, sondern auch steuern.

Schaffe zuerst ein konkretes Bewusstsein für deine Fragen, indem du sie verinnerlichst und versuchst, sie zu visualisieren. Steige mit relativ konkreten Fragen ein. Solche Einstiegsfragen können sein:

— Bin ich eine gute Mutter / ein guter Vater?
— Was möchte ich meinen Kindern mit auf den Weg geben?
— Wofür bin ich dankbar?
— Worauf bin ich stolz?
— Was macht mich glücklich?

Weiterführenden Fragen dürfen durchaus lösungsorientierter, offener oder differenzierter sein:
- Wie kann ich besser werden?
- Wie kann ich Raum für mich schaffen?
- Kann mir jemand bei meinem Problem helfen?
- Wie kann ich mein Problem lösen?
- Kann ich das Problem von einer anderen Seite betrachten?
- Kann mir jemand einen Ratschlag geben?
- Wem kann ich vertrauen?

Diese Fragen sind natürlich nur Beispiele. Ergänze oder formuliere gern deine eigenen Fragen zu Themen, die dich gerade beschäftigen. Du wirst merken, je häufiger du diese Übung machst, umso eher kommen dir weitere Fragen in den Sinn.

ÜBUNG
Antworten in sich finden

Diese Übung ist die logische Fortsetzung der vorigen Übung. Finde die Antworten auf deine Fragen in dir.
- Wähle dafür immer nur eine Frage aus und stelle dir dann deine Antwort bildlich vor.
- Denke an deine Antwort, suche passende Wörter und Begriffe und visualisiere sie.
- Lass das Erscheinen der Bilder zu und schaue, wohin dich deine Bilder bringen.
- Die Antworten verraten dir viel über dich selbst, wenn du dich traust, schonungslos ehrlich zu antworten. Wenn du dir die Frage stellst, ob du eine gute Mutter oder ein guter Vater bist, dann versuche, beim Beantworten der Frage deine eigenen Ideale auszublenden. Frage

dich, ob es überhaupt eine klare Ja-oder-Nein-Antwort gibt. Vermutlich lässt sich diese Frage nicht nur in Schwarz oder Weiß betrachten, sondern es gibt viele Grau- und Zwischentöne. Entdecke mit dieser Frage, in welchen Momenten du glaubst, eine gute Mutter / ein guter Vater zu sein, und in welchen Situationen du noch an dir arbeiten könntest. Spannende Antworten liefert auch ein kleiner Perspektivwechsel: Würden deine Kinder / dein Kind sagen, dass du eine gute Mutter / ein guter Vater bist?

— Manchmal wirst du auch Antworten finden, die du nicht hören möchtest. In schlechten Phasen hast du vielleicht auch einmal das Gefühl, keine gute Mutter / kein guter Vater zu sein. Die Antwort findest du tief in dir. Kannst du dieses Gefühl an einer bestimmten Situation festmachen? Bringt deine Antwort deine Erschöpfung zum Ausdruck? Oder gehst du zu hart mit dir ins Gericht? Solche Antworten können weh tun – aber am Ende belügst du dich selbst, wenn du sie nicht zulässt. Du bist nur dir selbst Rechenschaft schuldig. Du musst die Antworten mit niemandem teilen. Deshalb nutze die Chance und lass dich von deinen Antworten überraschen.

— Wenn du möchtest, nimm dir noch eine Frage vor. Notiere deine Antworten – gegebenenfalls an einem geheimen oder geschützten Ort.

— Auch wenn die Fragen dieselben bleiben, können sich deine Antworten mit der Zeit verändern. Das zu beobachten ist auch spannend.

ÜBUNG
Aufträge an das Unterbewusstsein

Wer sich auf einer spirituellen Ebene tief in seinem Unterbewusstsein bewegt, der kann nicht nur fragen, sondern der kann seinem Unterbewusstsein auch Aufträge erteilen. Das funktioniert ähnlich wie beim Träumen. Wenn du vor dem Schlafen nur fest genug an etwas denkst, dann träumst du auch davon. Genaugenommen ist auch das ein Auftrag an dein Unterbewusstsein.

Die Idee dahinter ist, fest an etwas zu denken, damit es Wirklichkeit wird. Dabei solltest du natürlich nur Dinge wählen, die du selbst beeinflussen kannst. Das Wetter am nächsten Tag wird nicht gut, weil du ganz fest daran glaubst. Der Glaube versetzt nur sprichwörtlich Berge. Aber wenn du selbst der Berg bist, kann sich viel bewegen. Wer daran glaubt, im nächsten Meeting selbstbewusst zu sein, der kann es schaffen. Wer in stressigen Situationen entspannter bleiben möchte, kann sein Unterbewusstsein damit beauftragen. So können wir unser Unterbewusstsein auch zur Lösung von Problemen nutzen:

—— Denke mit aller Kraft an das Problem (Beispiel: »Wo sind meine Autoschlüssel?«). Denke bewusst und konzentriert daran.
—— Danach lenke dich ab. Am besten erledigst du einfache Aufgaben im Haushalt.
—— Du wirst überrascht sein, wie oft dir in Zukunft dann die rettende Eingebung kommen wird.

Du kannst dein Unterbewusstsein aber auch mit durchaus komplexeren Problemen beauftragen:

—— Übergib ein bestimmtes Problem an dein Unterbewusstsein und lass dieses für dich arbeiten.
—— Je komplexer das Problem, desto länger musst du vielleicht auf eine Antwort warten. Du fragst dich zum Beispiel, wann der beste Zeitpunkt ist, dein Kind in die Kinderbetreuung zu geben.

Diese Frage bereitet dir Kopfzerbrechen und schlaflose Nächte? Denke fest an diese Frage. Stell dir dein Kind vor. Stell es dir in einer Krippe umgeben von anderen Kindern vor. Und stell es dir bei euch zuhause vor. Fühl in dich hinein. Und dann lass die Frage los. Lass sie gehen. Stoppe alle Pro- und Contra-Listen und warte, dass die Antwort zu dir kommt.

Fortgeschrittene sind sogar in der Lage, eine Richtung zu bestimmen, in die das Unterbewusstsein gehen soll. Mit bestimmten Informationen können sie ihre Fragestellung lenken.

Besonders interessant ist dieses Vorgehen, wenn Frage und Informationen nichts miteinander gemein haben und wir versuchen, diese zu verbinden. Dabei können uns neue, originelle, kreative Ideen überraschen und uns so ans Ziel bringen. Ein Beispiel: Dein Kind isst kein Gemüse. Jede Mahlzeit ist ein Kampf. Gib deinem Unterbewusstsein den Auftrag: »Finde eine Lösung, wie ich meinem Kind Gemüse schmackhaft machen kann.« In letzter Zeit hast du eine Serie über Wikinger gesehen. Das bringt dein Unterbewusstsein nun mit deinem Problem zusammen und so entsteht ein neues Gericht: »Der Wikingertopf für starke Kinder« mit Paprika, Kartoffeln, Spinat und Würstchen, weil dein Kind die so gern mag.

ÜBUNG
Mantras und Affirmationen

Mantras und Affirmationen sind bekannt aus Meditationen und aus dem Yoga. Sie funktionieren ganz ähnlich wie die Aufträge an unser Unterbewusstsein, sind jedoch nicht an bestimmte Situationen und Probleme wie ein Meeting oder Stress gebunden, sondern formen unsere Persönlichkeit von innen heraus.

Kurze, positiv formulierte Sätze werden immer wieder gesprochen und dadurch verinnerlicht. Wer möchte, kann sich sein Mantra auch laut aufsagen, wodurch es noch mehr Kraft entwickelt. Manche singen ihr Mantra sogar. Schließlich setzen sich die Botschaften in unserem Unterbewusstsein fest und erzielen dort ihre beabsichtigte Wirkung. Ein Mantra kann ein toller Start in den Tag sein, um Kraft und Energie zu schöpfen. Solche Mantras könnten sein:

—— »Ich bin ruhig und entspannt, egal was gerade um mich herum passiert.« (Mehr Gelassenheit)
—— »Ich bin schön, so wie ich bin.« (Mehr Selbstbewusstsein)
—— »Meine Kinder sind nicht ich. Sie dürfen eigene Wege gehen.« (Mehr Verständnis)
—— »Ich habe Kraft für diesen Tag.« (Mehr Energie)

Affirmationen und persönliche Mantras solltest du vorsichtig formulieren: Je kürzer, eindeutiger und verständlicher, desto besser. Verwende nur positive Sätze in Gegenwartsform, von denen du wirklich überzeugt bist. Deine Sätze müssen sich auf dich beziehen, schließlich sollen sie in dir etwas bewegen und ändern.

Mein intuitives Kind

Bestimmt hast du bei vielen Übungen gedacht, dass du so etwas schon einmal gemacht hast – aber vor langer, langer Zeit in deiner Kindheit. Als Kinder waren wir so viel intuitiver als in unserem Erwachsenenleben. Wir müssen unsere Kinder nur einmal mit offenen Augen und wachem Verstand beobachten, dann lässt sich ihre Intuition beinahe mit den Händen greifen. Ihre Handlungen und Taten sind noch nicht geprägt von Erziehung und gesellschaftlichen Konventionen. Wen sie leiden können, wen sie meiden oder was ihnen guttut, entscheiden sie nicht nach langem Für und Wider, sondern so wunderbar frei aus dem Bauch heraus.

Weil sie ihrer inneren Stimme folgen, sprühen sie zu Beginn ihres Lebens voller Begeisterung, Elan und Lebensfreude.

Doch nach und nach wird ihnen ihre innere Stimme abtrainiert, sie werden auf das Programm »Logik« konditioniert, bis sie ihrem Bauchgefühl nicht mehr trauen. Je älter sie werden, desto mehr lernen sie: Gut und richtig ist nur das, was logisch ist. Alles braucht eine plausible Erklärung. In unserer Gesellschaft ist kaum Platz für Intuition. Mit der Zeit wird unser Bauchgefühl dadurch immer schwächer und schwächer. Es verkümmert regelrecht, weil wir es nicht mehr nutzen.

Kindliche Intuition lässt sich jedoch bis zum Lebensende bewahren. Dafür müssen wir allerdings unser Denken reflektieren, verstehen und erkennen, wie wir vom Drang nach Wissen und Logik geprägt sind. Wir müssen wieder lernen, die Welt zu entdecken, ohne sie zu bewerten. Ein schwerer und steiniger Weg, den du deinem Kind ersparen kannst.

Du möchtest, dass dein Kind nicht zu einem rein vernunftgesteuerten Menschen heranwächst? Dein Kind soll sich viel von seiner kindlichen Intuition für sein späteres Leben bewahren? Dann stärke heute schon das Bauchgefühl deines Kindes. Zeige ihm, wie praktisch, zuverlässig und einfach wundervoll Intuition sein kann.

Langeweile muss sein

Lass dein Kind sich langweilen. Das Leben deines Kindes muss keiner Dauerbeschäftigungstherapie gleichen. Wenn du deinem Kind die Langeweile nimmst, nimmst du ihm noch viel mehr. Denn Langeweile ist der Nährboden für Fantasie und Kreativität. Durch Langeweile kann erst etwas Neues entstehen.

Ein Kind, dem alles vorgekaut wird, hat gar keine Möglichkeit, sich mit sich selbst zu beschäftigen und auf eigene Faust Wege gegen die Langeweile zu finden und zu gehen. Nur ein Kind, dass auch mal mit sich allein sein kann, hat die Ruhe, um seine innere Stimme zu entdecken und ihr zuzuhören. Zu viele Einflüsse von außen lenken davon ab, das zu hören, was in einem vorgeht.

Emotionen dürfen sein

Lass Emotionen zu – nicht nur deine eigenen, sondern auch die deines Kindes. Zeige deinem Kind, dass kein Gefühl falsch ist. Statt zu sagen: »Hör auf zu weinen«, frage lieber: »Warum weinst du?«, und schenke deinem Kind Aufmerksamkeit. Durch deine Frage merkt dein Kind, dass du es in seinem Kummer siehst und dass du es als Person und seine Gefühle ernst nimmst.

Gefühle wie Wut, Eifersucht, Frustration, Unzufriedenheit oder Widerwillen haben genauso ihre Daseinsberechtigung wie Freude, Liebe, Zufriedenheit und Glück. Vielleicht empfindest du den Ausdruck eines Gefühls als nicht angemessen (wenn zum Beispiel vor Wut Spielzeug durch den Raum fliegt), aber ein Gefühl darf niemals falsch sein.

Wenn dein Kind größer ist, sprich mit ihm über die Bandbreite der Gefühle, der guten und der schlechten. Nimm an den Gefühlen deines Kindes teil und lass es ebenso an deinen Gefühlen teilhaben. Erwarte nicht, dass dein Kind die passenden Worte für seine Gefühle findet, sondern schau, wie es diese zum Ausdruck bringt, oder höre hin, wenn es sie mit seinen eigenen Worten umschreibt.

Ein Kind, das mit der Sicherheit aufwächst, dass alle Gefühle richtig und erlaubt sind, hat nicht nur ein besseres Vertrauen in sein Bauchgefühl, sondern überhaupt erst die Basis, dieses zu spüren. Denn wer lernt, seine Gefühle – oder zumindest eine Vielzahl davon – stets zu unterdrücken, der verliert auch den Kontakt zu seiner inneren Stimme.

Achtsamkeit kann sein

Lass dein Kind sich und die Welt entdecken! Und zwar mit offenen Augen und allen Sinnen. Dafür braucht dein Kind Achtsamkeit. Zeige deinem Kind, wie es seine direkte Umwelt, seinen Körper und sein Gemüt erfahren kann, ohne darüber nachzudenken und von zu vielen Gedanken, Erinnerungen, Fantasien oder starken Emotionen abgelenkt zu sein.

Dafür kannst du mit deinem Kind zum Beispiel einfache Atemübungen machen oder die Übung »Fitnessstudio für die Sinne« (Seite 61) in kindgerechter Form gestalten, zum Beispiel:

— Verbinde deinem Kind die Augen und nimm eine Packung seiner Lieblingskekse.
— Öffne die Verpackung und frage dein Kind, was es hört.
— Lass dein Kind an der offenen Packung schnuppern. Erkennt es jetzt schon seine Lieblingskekse am Geruch?
— Gib deinem Kind einen Keks in die Hand. Lass dein Kind beschreiben, was es fühlt. Vielleicht kann dein Kind auch seine Gefühle, zum Beispiel Vorfreude, beschreiben.
— Nun darf dein Kind den Keks in den Mund nehmen. Sage deinem Kind, dass es den Keks ganz langsam genießen soll.
— Wenn du dein Kind jetzt fragst, was es schmeckt, ist die Antwort vermutlich: »Keks.« Fragst du: »Und wie schmeckts?«, antwortet es: »Lecker.« Frage unbedingt noch nach dem Warum, damit dein Kind sich noch intensiver mit dem Geschmack auseinandersetzt.
— Als Letztes darf dein Kind die Augenbinde abnehmen und beschreiben, was es sieht: Wie sieht die Verpackung aus? Wie ein einzelner Keks?

Diese Übung eignet sich gut, weil es die Wahrnehmung der einzelnen Sinne stärkt, ganz ohne sie zu bewerten. Das Kind bleibt ganz bei sich und seinen Eindrücken.

Achtsamkeit hat aber noch eine andere Ebene: Man kann nicht nur seiner Umwelt achtsam gegenüber sein, sondern auch achtsam mit sich selbst umgehen. Achtsamkeit bringt uns damit nicht nur mehr Aufmerksamkeit, sondern Sorgsamkeit und (Selbst-)Fürsorge. Es ist wichtig, dass dein Kind nicht nur lernt, vorsichtig mit seinen Sachen, sondern ebenso respekt- und rücksichtsvoll mit seinen Mitmenschen und mit sich selbst umzugehen.

Intuitions-Übungen für Kinder

Viele unserer Intuitions-Übungen sind auch für Kinder geeignet, natürlich nicht für jedes Alter und jedes Kind. Außerdem solltest du die Übungen kindgerecht abwandeln und anleiten. Einige Übungen kannst du bereits mit Kindergartenkindern machen, oder noch besser: spielen.

Die Übung »Gefühlsorte« (Seite 56) kannst du bereits mit kleinen Kindern machen, allerdings nicht mit Hilfe von Gedankenkraft, sondern aus dem Moment heraus. Wenn dein Kind vor Freude hüpft, sich ängstlich an dich klammert oder vor Wut die Bude auseinandernimmt, kannst du dein Kind fragen, wo es das jeweilige Gefühl gerade in seinem Körper spürt und wie sich die Emotion anfühlt. Mache deinem Kind ruhig Vorschläge wie »ein Kribbeln im Bauch«, »ein Schauer über den Rücken« oder »ein rasendes Gefühl im Kopf«. Oder biete deinem Kind Farben an, damit es seine Gefühle visualisieren kann. Ist die Freude gelb, die Angst schwarz, die Wut rot? Manchen Kindern fällt es leichter, ihren Gefühlen Farben zu geben, als sie zu benennen.

Die Übung »Intuitions-Ampel« (Seite 67) lässt sich aus der vorherigen Übung entwickeln. Rot könnte dann bedeuten: »Stopp, ich habe gerade schlechte Laune, lass mich in Ruhe.« Gelb heißt: »Ich weiß nicht, wie es mir geht, ich kann meine Gefühle gerade nicht einordnen, ich brauche deine Hilfe.« Und Grün bedeutet: »Das war toll, ich freue mich.« Diese Farbcodes dürfen natürlich alle benutzen – auch die Eltern. Letztlich geht es darum, dass dein Kind mit dir über seine Gefühle reden kann und so lernt, sie in seinem Körper zu verorten oder sie zu visualisieren.

Die Übung »Kopfblockaden« (Seite 60) lässt sich toll schon für sehr kleine Kinder ummünzen. Denn auch sehr junge Kinder kennen schon Selbstzweifel, die man besser im Keim erstickt. Bastelt doch zusammen ein »Das kann ich schon alles«-Bild. Überlegt, was dein Kind schon kann, und findet geeignete Abbildungen dafür, damit sich dein Kind das fertige Werk auch allein

Mein intuitives Kind

anschauen kann. Abbildungen findet ihr in Zeitungen und Zeitschriften oder du druckst sie aus dem Internet aus. Klebt diese Bilder auf ein großes Stück Papier oder Tonkarton und hängt es sichtbar in Augenhöhe des Kindes auf.

Als Detektive kannst du mit deinem Kind versteckte Gesichter im Alltag entdecken oder Figuren in Wolken (Seite 67). Werdet zu Wahrsagern (Seite 80) oder zu Künstlern (Seite 73). Dabei wirst du schnell sehen, dass freies Malen für ein Kindergartenkind etwas ganz Normales ist. Du kannst auch Übungen in eure täglichen Rituale einbinden. Lies ein Buch vor und lass dein Kind zwischendurch die Geschichte weitererzählen (Seite 72). Werdet kreativ und erlebt ganz neue Geschichten in eurer Fantasie.

Entweder-oder-Spiele (Seite 78) lassen sich einfach in den Alltag integrieren. Stelle deinem Kind immer wieder solche einfachen Entscheidungsfragen – bei der Fahrt zum Kindergarten, beim gemeinsamen Essen oder bei Spaziergang durch den Wald. Lass doch zum Beispiel dein Kind an jeder Weggabelung entscheiden, ob ihr links oder rechts weitergeht. Lasst euch überraschen, wo ihr am Ende eines solchen Spaziergangs landet.

Die Übung »Futter für das Unterbewusstsein« (Seite 74) kannst du auch schon in frühen Jahren beginnen bzw. du machst es automatisch, indem du versuchst, auf Kinderfragen passende Antworten zu finden. Kinder saugen neue Informationen auf wie ein Schwamm und haben eine natürliche, scheinbar unbändige Neugier. Gib deinem Kind die Chance, dass es seine Neugierde für sich bewahrt, auch wenn es älter wird. Kinder im Grundschulalter lieben es, wenn man ihnen etwas Neues erzählt. Bei der Frage »Wusstest du schon, dass …?« wartet fast jedes Kind gebannt auf die Antwort.

Geschichten ausdenken und aufschreiben können Kinder, sobald sie schreiben können. Tipps findest du in der Übung »Der Geschichtenerzähler« (Seite 72) und in der Übung »Freies Schreiben« (Seite 72).

»Wort-Domino« ist ein tolles Spiel, um mit geleiteten Assoziationsketten (Seite 65) zu beginnen. Dazu denkt ihr euch Wörter aus. Einzige Regel: Das Wort muss mit dem letzten Buchstaben des zuvor genannten Wortes beginnen: Hubschrauber – Reh – Hund – Dose – Elefant – Trampeltier – Rasenmäher. Und natürlich darf kein Wort zweimal genannt werden. Dieses Spiel trainiert ein spontanes Sprachgefühl und lässt sich wunderbar auf langen Autofahrten spielen.

Die Übung »Der Erfinder« (Seite 70) ist bei Kindern auch sehr beliebt. Denn welches Kind träumt nicht davon, ein Erfinder zu sein? Dabei haben Kinder etwas Wunderbares an sich: Sie scheuen sich nicht vor verrückten Ideen, oft gilt für sie sogar: je verrückter, desto besser. Sie scheren sich nicht darum, ob eine Idee realistisch oder umsetzbar ist.

Traumdeutungen (Seite 75) und **Traumreisen** (Seite 69) sind nicht für alle Kinder geeignet. Dafür muss ein Kind offen sein. Für Kinder, die sich darauf einlassen können, gibt es zahlreiche Texte für Traumreisen im Internet.

Übungen für ältere Kinder

Ab dem Teenageralter sind fast alle Intuitions-Übungen geeignet. Ein guter Start sind Mindmaps (Seite 81), weil die Teenies diese in ihrem Lebensalltag direkt anwenden können. Auch die innere Uhr (Seite 77) lässt sich gut mit Teenagern trainieren. Dabei solltest du vielleicht nicht auf den inneren Wecker setzen, sondern stattdessen darauf, einzelne Zeitintervalle, zum Beispiel die Screentime oder Hausaufgaben, mit dem Bauchgefühl zu stoppen. Die Übung »Stummfilm« (Seite 80) findet wohl bei jedem Teenager Zustimmung. Einen Film schauen und damit auch noch etwas Gutes für sich und seine Intuition tun? Welcher Teenager lässt sich darauf nicht ein! Vielleicht haben sie ja sogar Spaß daran, mit der ganzen Familie zu spielen?

Ziel aller Übungen

Trainieren wir mit Kleinkindern, Schulkindern und Teenagern Intuition, müssen wir nicht bei null anfangen, sondern wir können mit etwas arbeiten, das für sie ganz natürlich ist und das sie bereits in sich tragen. Nutzt diese Tatsache für euch und habt einfach Spaß dabei, gemeinsam euer Bauchgefühl und eure innere Stimme zu entdecken und zu trainieren.

Intuitiv erziehen – aber wie?

Durch die vorherigen Übungen hast du sicherlich Zugang zu deiner Intuition gefunden, sie weiterentwickelt, gefestigt und auch schon genutzt. Natürlich kannst du sie auch als Mutter oder Vater anwenden. Das folgende Kapitel zeigt dir, wie Intuition Einzug in deine Erziehung halten kann. Dabei spielen Beobachtungen, Stabilität, Kommunikation, Kreativität, Zeit, Ausprobieren und das Aktion-Reaktion-Prinzip eine wichtige Rolle.

Für die Beispiele habe ich zahlreiche reale Situationen gesammelt, in denen sich Eltern auf ihr Bauchgefühl verlassen und aus sich heraus nach Lösungen gesucht haben. Lösungen, die so in keinem Erziehungsratgeber stehen. Lösungen, die vielleicht erst einmal unkonventionell erscheinen. Lösungen, die bei ihnen funktioniert haben – was nicht heißen muss, dass sie in jeder Familie funktionieren. Intuitive Erziehung ist keine Pauschalreise, sondern setzt sich aus vielen Bausteinen individuell zusammen. Bleibe bei dir und deiner Familie, um zu entdecken, welche Reise für euch funktioniert. Baue intuitive Erziehung so in euren Alltag ein, wie es zu euch passt.

Beobachten: sehen und gesehen werden

Der erste Schritt zu mehr Intuition in der Erziehung ist Beobachtung. Lehne dich einmal zurück und betrachte dein Kind in verschiedenen Situationen. Lerne dein Kind kennen. Achte darauf, wie dein Kind seine Bedürfnisse auch nonverbal äußert. Du wirst ziemlich schnell Muster erkennen, die typisch für dein Kind – und nur für dein Kind – sind.

Beobachten, beachten, lieben

Ein Kind zu beobachten heißt, es zu beachten. Ein Kind spürt das. Ein Kind, das Beachtung erfährt, fühlt sich geliebt und verstanden. So entsteht ein ganz natürliches (Selbst-)Verständnis und Urvertrauen, das dadurch genährt wird, dass du dein Kind ganzheitlich und mit all seinen Angewohnheiten, Gefühlen, Stärken und Schwächen wahrnimmst und ihm damit deine bedingungslose Liebe zeigst. Wer sein Kind beobachtet und in seiner Ganzheit erfasst, sieht, wie es sich entwickelt, wo seine Interessen und Talente liegen. Das ist die wichtigste Basis für eine individuelle, angemessene und intuitive Erziehung.

Jedes Kind braucht für seine Entwicklung Erwachsene um sich, die es begleiten und in seinem Tun unterstützen, es bestärken und die Hintergründe seines Handelns verstehen. Beobachtungen geben wertvolle Einblicke in die Erlebniswelt unseres Kindes und liefern uns all die Informationen, die für uns auf den ersten Blick vielleicht nicht offensichtlich sind. Bestenfalls sehen wir das, was sie sehen, und somit die Welt wieder mit Kinderaugen.

Beobachtungen zeigen uns ungefiltert die Bedürfnisse unseres Kindes. Diese gilt es zu erkunden, zu erkennen und dadurch besser zu kennen und zu verstehen. Je besser du dein Kind und auch feine Nuancen in seinem Verhalten kennst, umso besser kannst du spontan aus dem Bauch heraus reagieren und vielleicht sogar Situationen

»vorhersagen«. Weil du dein Kind und sein Verhalten durch sensible Beobachtungen immer besser kennenlernst, entwickelst du Verständnis für seine Verhaltensweisen und kannst auch intuitiv und angemessen darauf reagieren. Veränderungen im Verhalten nimmst du automatisch wahr, wenn du dein Kind gut kennst. Die meisten Tobsuchtsanfälle lassen sich schon weit vor der Eskalation erkennen. Dabei sind die Anzeichen bei jedem Kind anders. Entdecke die Signale deines Kindes.

Ich bin müde. Alles ist doof!

Emma (4) geht seit 10 Monaten in den Kindergarten. Nach einer kurzen, entspannten Eingewöhnungsphase folgte eine Zeit, in der sie regelrecht euphorisch jeden Tag gern in den Kindergarten ging. Dieses Energielevel hielt einige Wochen an. Bis sie abends ins Bett ging, war sie meist quietschvergnügt. Doch nach einiger Zeit wurden die Abläufe zur Routine. Normalität schlich sich ein. Das Neue war weniger aufregend. Ein toller Zustand, sollte man denken. Doch wo anfangs die Euphorie die Müdigkeit überdeckte und austrickste, macht sie sich nun breit.

»Emma kam mittags nach Hause und war gelinde gesagt nur noch unausstehlich«, erinnert sich ihre Mama. »Sie war bockig, weinerlich und man konnte ihr nichts recht machen. Natürlich war mir klar, dass sie einfach erschöpft war.« Die besorgten und auch genervten Eltern überlegten hin und her. Doch aufgrund ihrer beruflichen Situation konnten sie Emma nicht zuverlässig jeden Tag früher abholen.

Deshalb führten sie die Kuschelstunde ein. »Auch wenn es unseren ganzen Tagesablauf durcheinanderbrachte. Denn oft war es nach unserer kleinen Auszeit bereits so spät, dass es sich nicht mehr lohnte, zu Freunden oder auf den Spielplatz zu gehen.« Nach einiger Zeit konnte die Länge der Auszeit verkürzt werden. »Heute braucht Emma manchmal nur 15 Minuten

> Ruhe, an anderen Tagen aber auch mal eine Dreiviertelstunde. Das entscheiden wir immer ganz spontan. Sie zeigt mir, wann sie fit genug für den weiteren Tag ist.«

Keine Chance für Helikoptereltern

Heutzutage ist immer wieder die Rede von Helikoptereltern. Das sind Eltern, die ständig um ihre Kinder kreisen und schnell aus einer Mücke einen Elefanten machen. Ihr durchaus nachvollziehbarer Motor ist die Sorge um ihr Kind.

Doch schnell verwandelt sich diese elterliche Fürsorge in Überprotektionismus und zu hohe Erwartungen. Dieser Typ Eltern vergisst leider zu oft, gedanklich bei ihrem Kind zu bleiben. Da wird verglichen und geschaut, was das Kind in einem bestimmten Alter können muss, und mit dem großen Repertoire der Fördermöglichkeiten optimiert. Dabei gerät allerdings oft in Vergessenheit, was das Kind kann, wo es gerade (auch emotional) steht und wo seine Interessen liegen.

Kinder müssen auch einfach einmal nur Kinder sein dürfen, ihre Interessen selbst entdecken und entwickeln – und das in ihrem Tempo. Sein Kind zu beobachten und als kleinen Menschen mit eigenständiger Persönlichkeit wahrzunehmen, kann ein gutes Hilfsmittel gegen das »Helikoptern« sein.

Beobachtungen sind die Basis eines am Kind orientierten und zielgerichteten Handelns. Wenn du dein Kind beobachtest und dadurch richtig gut kennenlernst, wirst du ein sicheres und klar spürbares Vertrauen in das entwickeln, was dein Kind kann. So erkennst du relativ schnell, ob eine reale Entwicklungsverzögerung oder -störung vorliegt oder ob es sich gerade einfach nicht dafür interessiert, keine Lust hat oder sich selbst als kleiner Perfektionist im Weg steht.

Deine Alarmglocken können schrillen, wenn etwas passiert, das sehr untypisch für dein Kind ist. Vielleicht kannst du dein ungutes

Gefühl nicht einmal in Worte fassen, aber vergiss nicht: Deine Beobachtungen sind Teil deines Erfahrungswissens und werden dein Gefühl in den meisten Fällen bestätigen.

Da stimmt was nicht ...

Leon (3) ist kein Kind, das besonders viel weint – auch nicht, wenn er krank ist oder sich verletzt hat. So gab es auch kein großes Drama, als er einen Leistenbruch hatte. Es war ein ganz normaler Leistenbruch, eine Operation konnte also noch ein bis zwei Wochen warten. Aufpassen sollten seine Eltern nur, wenn die Schwellung in der Leistengegend zunähme oder Fieber dazukäme, weil immer die Gefahr einer Hodentorsion bestünde.

Als Leon am darauffolgenden Wochenende Fieber bekam, fuhren sie deshalb sofort ins nächste Krankenhaus. Außerdem wirkte der Junge für seine Verhältnisse sehr kränklich. Das schilderten die Eltern auch dem behandelnden Arzt. Doch der rollte fast schon mit den Augen und erklärte lapidar: »Wenn der Junge eine Hodentorsion hätte, dann würde er gar nicht mehr aufhören zu schreien.« Sie verließen das Krankenhaus mit einem ungute Gefühl. In ihren Augen stimmte etwas nicht mit ihrem Sohn.

Die Routineuntersuchung für die bevorstehende Leistenbruch-OP führte ein anderer Arzt durch. Auf einmal wurde dieser ganz schnell und veranlasste umgehend eine Notoperation: Leon hatte eine Hodentorsion. In der anschließenden OP konnte der Hoden gerade noch gerettet werden. Die Eltern waren verwirrt: »Aber Leon hat doch gar nicht gebrüllt.« – »Dann hat Ihr Sohn wohl eine sehr hohe Schmerzgrenze. Ich sehe, dass ihr Sohn ein Frühchen war. Frühchen haben deutlich häufiger ein verändertes Schmerzempfinden als zum Termin geborene Kinder.«

> *Leons Eltern, die ihr Kind jeden Tag erlebten und beobachteten, lagen mit ihrem Gefühl, dass etwas nicht stimmte, also genau richtig.*

Das Beobachten trainieren

Beobachtungen im Alltag mit einem Kind folgen stets einem bestimmten, wiederkehrenden Muster. Sie sind ein ständiger Kreislauf: Beachten – Wahrnehmen – Aufnehmen – Bewerten – Hinterfragen – Erkennen – Reagieren – Interagieren – erneut Beachten …

Möchtest du das Beobachten trainieren oder die Qualität deiner Beobachtungen verbessern, lege den Fokus zunächst auf einzelne Situationen. Das kann eine selbstgewählte Tätigkeit deines Kindes sein oder Situationen, in denen es versucht, deine Aufmerksamkeit zu erregen, oder alltägliche Routinen wie Essen oder Anziehen, aber auch Momente, in denen du oder andere involviert sind.

Besonders spannende Erkenntnisse erlangst du, wenn du deine Beobachtungen in ähnlichen Situationen wie dem allabendlichen Zubettgehen wiederholst. Was ist immer gleich? Gibt es kleinere oder größere Veränderungen? Was passiert bei Veränderung?

Bei deinen Beobachtungen ist es wichtig, dass du deine ganze Aufmerksamkeit auf dein Kind richtest. Intensiviere deine Beobachtung ganz bewusst. Benutze all deine Sinne. Je mehr Sinne beteiligt sind, umso umfassender wird die Erfahrung und damit auch der Einblick in die Welt deines Kindes. Das nennt man dann auch eine »dichte Beobachtung«.

ÜBUNG
Momentaufnahme mit allen Sinnen

Während du dein Kind beobachtest, kannst du dir folgende Fragen stellen:

—— Was macht mein Kind in diesem Moment?
—— Womit beschäftigt sich mein Kind und wie?
—— Was sagt mein Kind dabei?
—— Was sieht mein Kind gerade?
—— Was hört mein Kind?
—— In welcher Umgebung befindet sich mein Kind?
—— Was könnte mein Kind jetzt denken?
—— Was könnte mein Kind gerade fühlen?
—— Was denke und fühle ich, während ich mein Kind beobachte?

Unsere Sinne sind ein feines Alarmsystem. Kleinste Veränderungen nehmen wir – meist unterbewusst – wahr. Wir reagieren, wir stürmen los, wir handeln, oft ohne dass wir genau wissen, warum.

Verdächtige Stille

»Den schönen Sommertag muss man nutzen«, denkt sich Lena, die Mama von Julius (17 Monate). Also ein paar Autos geschnappt und ab in den Garten. Mit lautem Brummen spielt Julius vor sich hin.

Als er Durst bekommt, geht Lena rein, um Wasser zu holen. Es dauert nicht lange. Sie ist keine Minute im Haus, als sie feststellt, dass es im Garten ruhig geworden ist. Verdächtig ruhig. Sie wird schnell, denkt aber nichts Böses. Julius macht bestimmt »nur« Blödsinn. Im Garten kann sie ihn nicht an der Stelle entdecken, an der er gerade noch mit seinen Autos gespielt hat. Blitzschnell scannt sie mit dem mütterlichen Adlerblick den Garten – und erkennt sofort, dass das Gartentor offen steht.

Lena rennt los. Im Kopf spielen sich die schlimmsten Bilder ab, denn hinter dem Gartentor beginnt eine vielbefahrene Straße. Beim Gartentor angekommen, kann sie ihren kleinen

Sohn gerade noch am Arm greifen. Dankbar und froh über das ungute Gefühl, dass sie beschlichen hat, schließt sie Julius in die Arme.

Grenzen unserer Wahrnehmung

Unsere einzelnen Sinne sind in ihrer Reichweite begrenzt. Was du mit deinen Augen nicht wahrnehmen kannst, kannst du möglicherweise aber durch Fühlen oder deine Gefühle erfassen.

Deine körperlichen Sinneseindrücke ergänzt du automatisch mit deiner emotionalen Wahrnehmung und mit Empathie: Schaue nicht nur ganz genau hin, höre nicht nur bewusst zu, sondern vergegenwärtige dir auch deine Gefühle im Moment deiner Beobachtung. Dieser Aspekt ist wichtig, weil unsere eigenen Gefühle unsere Beobachtung durchaus beeinflussen können. Wenn wir stolz sind, bewerten wir einen Moment anders, als wenn wir ängstlich sind.

Beobachtungen sind reine Momentaufnahmen. Wir können keinen Menschen, auch kein Kind, jemals in all seinen Facetten erfassen. Es gibt nicht die eine Wahrheit. Wir sehen immer nur einen kleinen Ausschnitt der Wirklichkeit, der durch unsere eigene Perspektive begrenzt ist. Diese Grenzen müssen wir stets im Hinterkopf behalten.

Die Perspektive wechseln

Fast alle Grenzen können bekanntlich überwunden werden. Dafür müssen wir »nur« einen Perspektivwechsel zulassen. Sich in die Lage einer anderen Person hineinzuversetzen, ist gar nicht so leicht, sondern erfordert viel Empathie und das Talent, sich selbst zurückzunehmen.

Neue Perspektiven kannst du erlangen, indem du deiner Wahrnehmung die Wahrnehmung anderer Personen gegenüberstellst. Lass in deinem Denken Platz für die Sicht- und Erlebnisweise anderer.

Bestenfalls sind diese Personen in irgendeiner Form beteiligt. Vielleicht haben der andere Elternteil, Großeltern, Freunde oder Erzieherinnen andere Beobachtungen gemacht als du und bewerten die Situation deshalb anders. Höre es dir an. Dieser Dialog und Austausch können für dich sehr wertvoll sein – auch oder vor allem, wenn sie deinen Beobachtungen widersprechen.

Zusammenarbeit mit deinem Kind

Noch wichtiger ist es aber, dein Kind in deine Beobachtung miteinzubeziehen. Mache dir nicht nur bewusst, dass niemand gern ohne Mitspracherecht beobachtet wird, sondern lass auch dein Kind zu der beobachteten Situation zu Wort kommen. Sprich mit deinem Kind und befrage es zu der Situation. Denn deine Beobachtung und Einschätzung muss nicht zwangsläufig auch die deines Kindes sein.

Versuche, das Gespräch offen, wertfrei und natürlich kindgerecht zu gestalten. Statt »Glaubst du, dass das richtig war?« frage lieber: »Was hast du da gemacht? Wie hast du dich gefühlt?« Dann kannst du deinem Kind erklären, wie du die Situation gesehen und wahrgenommen hast. Wichtig ist natürlich dann der ehrliche Abgleich: Hat dein Kind die Situation genauso wahrgenommen und bewertet wie du? So wird dein Kind zum aktiven Partner im Beobachtungsprozess.

Stabilität: zuverlässiges Miteinander

Damit du im Alltag mit deiner Familie intuitiv handeln kannst, braucht ihr alle eine große Portion Stabilität als Grundlage. Da intuitive Entscheidungen nicht so vorausschaubar und planbar wie Vernunftentscheidungen sind, ist Zuverlässigkeit in eurem Miteinander umso wichtiger. Intuition in der Erziehung funktioniert nur, wenn sich alle Familienmitglieder aufeinander verlassen können. Nur dann fühlt sich Eltern-Intuition nicht willkürlich, sondern richtig und angemessen an. Ein entspanntes Miteinander ist mitunter wichtiger als die Einhaltung strikter Erziehungsprinzipien. In vielen Fällen lässt sich beides aber gut miteinander verbinden.

Regeln und Rituale als Basis

Das unerlässliche, unerschütterliche Gerüst für eure Stabilität sind Rituale, (Familien-)Regeln und gemeinsame Werte. Sie schaffen eine wichtige Orientierung für alle Mitglieder einer Familie. Allerdings ist es notwendig, dass diese Regeln auch konsequent befolgt werden. Alles andere stiftet Unruhe, Missmut und der Familienfrieden gerät ins Wanken.

Viele Regeln lassen sich schon bei kleinen Kindern in Form von Ritualen einführen. Je besser ein Kind versteht, warum es eine bestimmte Regel gibt, umso erfolgreicher wird sie meist befolgt. Wenn die Erklärung zu einer Regel fehlt, zeigen sich Kinder nur wenig kooperativ.

So hilft es zum Beispiel wenig, wenn ein Kind die Zähne putzen soll, nur weil Zähne nun einmal geputzt werden müssen. Besser ist es also, kindgerecht die Hintergründe zu erläutern. Im Fall Zähneputzen kannst du beispielsweise erklären, dass die Zähne ohne Putzen durch kleine, fiese Bakterien kaputt gemacht werden. Nach einer Phase des Widerspruchs gibt es irgendwann keinen Diskussionsbedarf mehr – und mit etwas Glück werden die vereinbarten Regeln erst wieder in der Pubertät zur Diskussion gestellt.

Neben dem regelmäßigen Zähneputzen und Händewaschen ist alles, was mit Hygiene zu tun hat, sehr gut für Familienregeln und -rituale geeignet. Stabilität entsteht durch alles, was den Tagesablauf (wie Zubettgehen, Aufstehen nach den Mahlzeiten oder das Erledigen der Hausaufgaben) und das Miteinander regelt.

Deals statt Screentime

Johanna hat zwei Kinder (3 und 5 Jahre). Die beiden dürfen auch fernsehen und haben bereits ihre Lieblingssendungen. »Vor ein paar Wochen haben wir versucht, eine Screentime einzuführen – und sind gnadenlos gescheitert. Die Kids wollten oft länger schauen oder fingen an zu verhandeln, vor allem, wenn sie an einem anderen Tag weniger geschaut hatten. Es wurde unglaublich viel diskutiert und es war total kräftezerrend. Ich habe jeden Tag das Gefühl gehabt, zu scheitern. Es hat mir immer wieder gezeigt, wie inkonsequent ich bin, wenn ich dem Genörgel meiner Kinder schon wieder nachgegeben habe. Dieses Modell hat für uns einfach nicht funktioniert.

Stattdessen haben wir klare Deals eingeführt: Die Kids dürfen bei der Programmauswahl nicht streiten. Jeder darf im Wechsel eine Sendung bestimmen. Bei Streit wird die Flimmerkiste ausgeschaltet. Außerdem schaue ich mir die Sendungen mit meinen Kindern gemeinsam an. Und noch viel wichtiger: Ich beobachte, was die Sendungen mit meinen Kindern machen. Sendungen, die sie entspannen und aus denen sie bestenfalls noch etwas lernen, werden wieder angestellt. Sendungen, die sie unruhig und nervös machen oder vielleicht sogar verängstigen, werden nicht mehr angeschaut. Die Welt moderner Streamingdienste hat auch etwas Gutes, denn wir können unser Fernsehprogramm einfach selbst bestimmen. Außerdem läuft keine Werbung, die meine Kinder zu Konsum anregt.

Das beste Mittel, damit der Fernseher ausbleibt, ist bei uns aber immer noch Abwechslung im Alltag: Toben, Spielplatz und Basteln kommen meist viel besser an als Paw Patrol und Peppa Wutz. Ein ausgewogener Tagesablauf ist bei uns wichtiger, als Screentime-Minuten zu zählen.«

Der sprachliche Umgang innerhalb der Familie sollte Beschimpfungen oder Schimpfwörter aus Respekt voreinander verbieten. Auch die Privatsphäre jedes Familienmitglieds sollte durch einfache Höflichkeitsregeln wie Anklopfen gewahrt sein.

Kaum etwas ist so kontraproduktiv bei der Durchsetzung von Regeln wie Erpressung – auch wenn dieses Mittel so einfach und schnell erscheint. Erpressung kann in einem Kind etwas unwiderruflich kaputt machen. Kinder interpretieren in eine Erpressung schnell hinein, dass sie nicht geliebt werden, wenn sie sich nicht an Regeln halten oder funktionieren. Im Dialog mit dem Kind können besser Konsequenzen ausgehandelt werden, die bei Nichtbefolgen eintreten. Und dabei nicht vergessen: Auch Eltern können Regeln brechen und sollten dann die besprochenen Konsequenzen einhalten.

Verlässlichkeit durch Rituale

Verlässlichkeit vermitteln wir nicht, indem wir nur darüber sprechen – wir müssen sie leben. Das Gefühl von Geborgenheit und Sicherheit entsteht, wenn unsere Kinder stabile Beziehungen (zum Partner, zu Freunden, zur Familie) bei uns sehen. Das heißt nicht, dass Kindern aus Trennungsfamilien dieses Gefühl verwehrt bleibt. Stabile Beziehungen sind auf vielen verschiedenen Ebenen erlebbar. Gerade in Situationen, die für alle Beteiligten schwierig sind, ist es hilfreich, wenn der Alltag weitgehend vorhersehbar ist und nicht ständig Überraschungen bereithält.

Rituale vermitteln durch ihren immer wiederkehrenden gleichen Ablauf, dass das Leben planbar ist und Herausforderungen zu bewältigen sind. Feste Gewohnheiten, schaffen Vertrautheit und sorgen dafür, dass sich Kinder behütet fühlen. Damit schafft ein ritualisierter Alltag auch die nötige Freiheit für Eltern-Intuition. Ein Kind, das sich blind auf seine Bezugspersonen verlassen kann, vertraut unbewusst darauf, dass sie mit ihrem Bauchgefühl richtigliegen bzw. auch intuitiv nur zu seinem Wohl handeln.

Auch Werte geben Stabilität

Alle Kinder kommen ohne jegliche moralischen Wertvorstellungen auf die Welt. Die Regeln für ein soziales und harmonisches Miteinander müssen sie erst Schritt für Schritt lernen. Wie das funktioniert, erfahren Kinder von ihren Eltern. Der Schlüssel zum Verstehen und Umsetzen von Werten und Regeln ist das Vorleben durch erwachsene Vorbilder. Kinder lernen durch das Handeln ihrer Eltern und durch Gespräche mit ihnen.

Wenn du deinem Kind also Werte vermitteln möchtest, dann sprich nicht nur drüber, sondern lebe sie. Hilf zum Beispiel deiner Nachbarin beim Tragen der Einkaufstüten, teile dein Brötchen mit deinem Kind oder lächle Fremde an. Mache es einfach – und dann sprich mit deinem Kind darüber und erkläre, warum du das gemacht hast.

Das emotionale Gerüst

Regeln, Werte und Rituale sind so etwas wie das äußere Gerüst unserer Stabilität, aber auch das emotionale Gerüst darf nicht vergessen werden. Auf emotionaler Ebene kannst du viel Stabilität in deiner Familie schaffen. Wie schon bei der Beobachtung ist es wichtig, dem Kind das Gefühl zu geben, dass es gesehen und gehört wird. Gemeinsame Zeit und Aufmerksamkeit sind dafür ungemein wertvoll.

Heutzutage sind unsere Tage meist völlig ausgefüllt. Beruf, Haushalt und Hobbys – der Alltag ist perfekt durchgeplant. Dabei bleibt das familiäre Miteinander oft auf der Strecke. Doch Kinder brauchen den aktiven Austausch mit ihren Eltern – durch Auseinandersetzungen, Reibung, Lob, regelmäßige Rückmeldungen und Zuwendung. Alles Dinge, die Zeit brauchen, um sich zu entwickeln und zu wachsen. Aber gerade diese Zeit füllt unseren randvollen und durchgetakteten Alltag, unser ganzes Leben und das Leben unserer Kinder mit Freude.

Schaffe deshalb gemeinsame Zeit – mit der ganzen Familie, aber auch nur mit deinen Kindern oder auch mal nur mit einem Kind allein, wenn du mehrere Kinder hast. Nimm diese Zeit bewusst wahr. Sprecht miteinander, tauscht euch aus oder unternehmt etwas gemeinsam – und genießt einfach die Zeit.

Gemeinsame Zeit ist wichtig, um Liebe, Bindung und Nähe zu schaffen und wachsen zu lassen. Kleine Kinder spüren die Liebe und Nähe ihrer Eltern am stärksten über Körperkontakt, gemeinsames Kuscheln und regelmäßige Streicheleinheiten. Je älter Kinder werden, desto eher können Eltern ihre Zuneigung auch in Worten und Gesprächen zum Ausdruck bringen.

Körperkontakt sollte niemals erzwungen werden. Es gibt verschmuste Kuschelkinder und Kinder, die nur selten die elterliche Nähe suchen. Halte dein Kind nie länger im Arm, als es möchte. Weise dein Kind aber auch nicht zurück, wenn es deine Nähe sucht – zumindest nicht ohne eine entsprechende Erklärung. Jedes Kind versteht, dass Kuscheln auf der Toilette nicht möglich ist. In unpassenden Situationen dürfen wir deshalb natürlich auf später vertrösten – nur muss das Später dann auch tatsächlich eintreten.

In schwierigen oder neuen Situationen, zum Beispiel während einer Krankheit, eines Umzuges, einer Trennung oder bei der Geburt eines Geschwisterkindes, wird deutlich, wie wichtig sowohl körperliche als auch emotionale Nähe ist. Je näher du deinem Kind bist, umso besser kann es die Herausforderungen meistern.

Loslassen lernen – vom Kind

Mia (16 Monate) soll in der Krippe eingewöhnt werden. Bei Playdates geht sie schon selbstbewusst auf andere Kinder zu. Sie schläft auch gern hin und wieder bei ihren Großeltern.

»Rückblickend war die Eingewöhnung für mich wohl schlimmer als für Mia«, gibt ihre Mama ehrlich zu. »In der Nacht vor dem ersten Krippentag war ich so aufgeregt. Ich machte mir viele Sorgen und Gedanken. Was wäre, wenn Mia die anderen Kinder zu viel würden? Können die Erzieher Mia

bei so vielen Kindern überhaupt im Blick haben? Wird sie sich wohlfühlen?

Am nächsten Morgen war ich unausgeschlafen und gereizt. Obwohl wir sonst ein gut eingespieltes Team sind, war Mia an diesem Morgen bockig. In der Gruppe angekommen, war es ganz schwer für mich, sie loszulassen – obwohl sie begeistert von den vielen Kindern und dem unbekannten Spielzeug war. Ich musste mich an den Rand setzen und sollte mich weitestgehend aus dem Geschehen heraushalten. Es war so schwer, ich wollte übersetzen, was sie sagt, wenn die Erzieherinnen oder die Kinder sie nicht verstanden. Ich wollte ihr helfen und ihr die Spielsachen erklären. Aber ich durfte nicht. Ich glaube, Mia merkte, wie unwohl ich mich fühlte. Immer wieder kam sie zu mir, kuschelte mit mir und war etwas weinerlich. Was meine Sorgen und Ängste nur bestätigte. Wenn ich heute darüber nachdenke, hat sie nur mich und meine Gefühle gespiegelt.

Am dritten Tag sollte ich die Gruppe verlassen. Die Dauer, die ich draußen verweilte, wurde jeden Tag gesteigert. Wenn ich mich von Mia verabschiedete, weinte sie jedes Mal. Ich erklärte ihr lang und breit, dass ich bald wiederkäme und ganz in der Nähe sei. Nach zwei Tagen suchte eine Erzieherin das Gespräch mit mir. Sie erklärte mir, dass sie den Eindruck habe, dass sich Mia sehr wohlfühle. Sie erzählte mir, wie glücklich und zufrieden sie sei, wenn ich den Raum verließe. Einfühlsam erklärte sie mir, dass ich lernen müsse, loszulassen. Sie bat mich, das Abschiedsprozedere zu verkürzen und mehr Vertrauen in Mia und die neue Situation zu haben.

Auch wenn es mir sehr schwerfiel, die erfahrene Erzieherin hatte recht. Als ich mich an den folgenden Tagen nur kurz und liebevoll von Mia verabschiedete, gab es keine Tränen. Stattdessen blickte ich beim Abholen in ein freudestrahlendes Gesicht. Mia war angekommen – jetzt musste ich es ihr nur noch gleichtun.«

Loslassen lernen – von Mama

»Ich weiß gar nicht, ob man das so sagen darf – aber ich habe mich so sehr auf den ersten Kita-Tag von Johannes gefreut«, erzählt seine Mama. Aber dann kam alles anders. Sie hatte es sich so schön vorgestellt. Sie freute sich darauf, dass Johannes (12 Monate) neue Kinder kennenlernen und neue Spiele ausprobieren konnte, all das in einer kind- und altersgerechten Umgebung. Die Eltern hatten die Kita mit Bedacht gewählt und sich vorher angeschaut. Alles war perfekt.

Doch womit sie nicht gerechnet hatten: Johannes wollte nicht. Er klammerte sich an seine Mama, er versteckte sich hinter ihr und schien beinahe Angst vor den anderen Kindern zu haben. »Auch wenn Johannes schon immer eher schüchtern war, war ich total überrascht. Ich dachte, die anderen Kinder würden ihm guttun. Als ich den Raum das erste Mal verlassen wollte, fing er bitterlich an zu weinen und beruhigte sich erst wieder, als ich zurückkam.« Dadurch zog sich die Eingewöhnung gefühlt ewig lang hin. Seine Mutter ging immer nur kurz raus und versuchte, ihm zu zeigen, dass sie immer wieder zu ihm zurückkommt. Nach drei Wochen konnte Johannes stundenweise allein in der Kita bleiben. War der Aufenthalt allerdings zu lang, fing er an zu weinen.

Nach zwei Monaten kam dann der Moment, als »der Knoten platzte«. Johannes konnte zwei Tage lang nicht in die Kita, weil er Fieber hatte und neue Zähne wuchsen. Als das überstanden war, war Johannes wie ausgewechselt. Von heute auf morgen weinte er nicht mehr und konnte für vier bis fünf Stunden am Stück in die Kita gehen. Beim Abholen war er auf einmal zufrieden und fröhlich. »Ich glaube, Johannes hatte da einen Entwicklungsschub. Davor war er einfach noch nicht so weit. Ich bin froh, dass wir es so langsam angehen konnten und er heute so viel Freude in der Kita hat.«

Respekt und Anerkennung

Um sich den Herausforderungen des Lebens stellen zu können, braucht jeder Mensch – ob groß oder klein – Selbstbewusstsein. Am selbstbewusstesten sind wir, wenn wir uns selbst mögen. Um sich selbst zu mögen, muss ein Kind auch von anderen gemocht werden – in erster Linie von seinen Eltern. Und zwar bedingungslos und mit all seinen Facetten, so wie es ist. Eltern sollten die Stärken und Fähigkeiten ihres Kindes sehen, aber auch ihre Schwächen und Fehler – ohne das Kind dafür zu verurteilen. Die Zauberworte heißen Respekt, Anerkennung und Wertschätzung.

Natürlich müssen Eltern nicht jedes Verhalten ihres Kindes wortlos hinnehmen. Sie dürfen sogar explizit kritisieren. Deine Kritik sollte stets situationsgebunden sein und sich auf das Verhalten und nicht auf dein Kind als Person beziehen. Bestes Beispiel: »Du bist ein böses Kind.« Das hast du bestimmt schon einmal gehört, vielleicht hast du es sogar schon einmal in einem schlechten Moment gesagt. Mit dieser Aussage wird das Kind direkt angegriffen und nicht sein Verhalten beurteilt. Zeige ihm, dass du es auch liebst, auch wenn ihr unterschiedlicher Meinung seid oder dein Kind einen Fehler gemacht hat.

Wenn Kinder ihre Eltern als stabile und verlässliche Personen erleben und mit dem Gefühl aufwachsen, geborgen und geliebt zu sein, besitzen sie ein ungemein wertvolles Fundament, auf dem sie ihre Zukunft aufbauen können: Urvertrauen.

Die Weichen werden von Anfang an gestellt. Die Basis unseres Urvertrauens bildet sich bereits in den ersten Wochen unseres Lebens. Viel Körperkontakt und das Erfüllen von Grundbedürfnissen geben dem Säugling das Gefühl: Hier bin ich richtig, hier darf ich sein. Im weiteren Lebensverlauf ermöglicht eine liebevolle und authentische Beziehung zum Kind, dass es sich gemäß seinen Anlagen und Talenten zu einer stabilen Persönlichkeit entwickeln kann. Das Kind weiß, wer es in diesem Leben ist, wie es über sich selbst denkt und wie es sich selbst erlebt. Das ist die Basis seiner Persönlichkeit, auf der alle weiteren Erfahrungen entstehen.

Zurückweisung, Verrat, Vernachlässigung und Gewalt können das sensible Gerüst des Urvertrauens zerstören. Ist das Urvertrauen jedoch stark und ausgeprägt, kann ein Kind hoffnungsvoll durch die Welt gehen. Es ist sich der Liebe seiner Eltern sicher – auch wenn es Streit gibt, eine schwierige Situation entsteht oder sie einmal nicht bei ihm sein können.

Der erste Urlaub ohne Kind

Ende Februar sollte es losgehen: zehn Tage Dubai, um dem tristen Winter zu entfliehen. Doch zwei Wochen vor dem Abflug musste Felix (9 Monate) ins Krankenhaus. Schnell war klar, dass ein mehrstündiger Flug keine gute Idee wäre. Seine Eltern überlegten lange hin und her, sie wollten die Reise schon stornieren. Andererseits waren sie durch die Krankheit ihres Kindes übermüdet, ausgelaugt und absolut urlaubsreif. Wären sie Rabeneltern, wenn sie ohne ihren Sohn in den Urlaub flögen? Konnten sie ihr Kind so kurze Zeit nach einem Krankenhausaufenthalt bei den Großeltern lassen? Komischerweise stellte sich bei ihnen kein schlechtes Gefühl ein. Ihr Sohn war gern bei den Großeltern und hatte schon mehrfach bei ihnen übernachtet. Die Oma war erfahren und die Eltern wussten, dass sie immer in ihrem Sinne handeln würde.

Tatsächlich packten sie schließlich ihre Koffer, gaben Felix bei Oma und Opa ab und stiegen in den Flieger. »Es war ein ganz seltsames Gefühl, schließlich wussten wir, dass wir nicht mal eben zurückkommen konnten. Andererseits hätten wir jederzeit einen Rückflug buchen können, wenn er zum Beispiel wieder krank geworden wäre. Kaum in Dubai gelandet, hatten wir auch schon ein Video auf dem Handy, auf dem unser Sohn vergnügt spielte. Er genoss es, von Oma verwöhnt zu werden. Und wir genossen die zehn Tage Auszeit und kamen mit neuer Energie und auch als Paar gestärkt zurück.«

Kommunikation: das Kind verstehen

Unsere Sprache ist sehr intuitiv. Wir lernen Sprache durch Nachahmen und Ausprobieren, nicht durch Nachdenken und Überdenken. Damit ist Sprache und Kommunikation etwas Ur-Intuitives. Wir orientieren uns über Sprache in der Welt. Wir stellen Fragen, suchen Kontakt oder teilen unser Empfinden mit. Sprache verbindet uns. Mit ihr können wir unsere Gedanken teilen und erfahren, was andere Menschen bewegt. Manchmal reden wir sogar schneller, als wir denken – was noch einmal zeigt, wie unbewusst Prozesse in unserem Inneren ablaufen, bevor Worte unseren Mund verlassen.

Emotionale Dialoge

In der Kennenlernzeit ist intuitive Kommunikation zwischen Eltern und Kind etwas ganz Natürliches. Bereits lange bevor ein Kind die ersten Wörter versteht oder gar spricht, entstehen emotionale Dialoge zwischen einem Kind und seinen Eltern. Ein Neugeborenes hat und braucht noch keine Worte. Trotzdem erkennen Eltern die Bedürfnisse ihres Kindes: Anfangs noch durch eine Art Trial-and-Error-Prinzip (»Wenn es die Windel nicht ist, muss mein Kind wohl Hunger haben«). Mit der Zeit lernen sich Eltern und Kinder immer besser kennen und eine enge Beziehung entsteht. Nach und nach entsteht so eine gemeinsame – nonverbale – Sprache.

Mit der Zeit kommen die ersten Wörter hinzu. Wörter werden zu Sätzen, Sätze werden zu Gesprächen. Doch unser Spracherwerb ist niemals abgeschlossen. Bis ins hohe Alter lernen wir immer wieder neue Wörter, Floskeln, Wortbedeutungen und Redensarten. Sprache ist kein starres Produkt, sondern verändert sich stetig. Das beste Beispiel ist Jugendsprache – die uns mit unseren Kindern früher oder später wieder begegnen wird.

Rahmenbedingungen für Kommunikation

Schaffe in deiner Familie einen Rahmen, in dem dein Kind sicher und frei kommunizieren, seine Anliegen, Bedürfnisse und Gefühle äußern und sich stark und verstanden fühlen kann. Schenke deinem Kind deine Aufmerksamkeit, höre ihm genau zu – und lies zwischen den Zeilen.

Dafür braucht ihr klare Kommunikationsregeln, die ihr in eurer Familie benutzt. Zeigt einander Respekt, indem ihr einander zuhört und ausreden lasst. Benutzt keine Verallgemeinerungen, sprecht immer nur für euch und von euren Gefühlen und versetzt euch auch einmal in die Lage des anderen. Lernt vor allem, eure Gefühle zu benennen und eure Familie daran teilhaben zu lassen. Worte haben unglaubliche Macht. Sie können kränken und verletzen, aber auch stärken.

Gute Vorbereitung ist alles

Es gibt Situationen, die brauchen Vorbereitung. Niklas (4½ Jahre) musste operiert werden. Ein Routineeingriff. »Ein paar Tage vorher begannen wir nicht nur unsere Taschen zu packen, sondern auch Niklas mental auf das Krankenhaus vorzubereiten. Er sollte wissen, was passieren wird und auch dass er Schmerzen haben wird. Nicht um ihm Angst zu machen, sondern damit er sich von uns nicht verraten und ausgeliefert fühlt.« Niklas' Eltern erklärten ihm, dass er bald ins Krankenhaus müsse. Dort würden sich ganz tolle Ärztinnen und Pfleger um ihn kümmern. Sie sprachen über die Operation, die Narkose und erklärten kindgerecht, was passieren würde. Sie machten keinen Hehl daraus, dass es weh tun würde, dass er Schmerzmittel bekäme, aber dass er operiert werden müsse und am Ende alles gut werden würde.

»Unser bester Schachzug war aber wohl, dass wir ihm sagten, dass er im Krankenhaus mit dem Tablet spielen dürfe. Das darf er sonst nur auf langen Reisen. Kaum im Krankenhaus angekommen, verlangte er das versprochene Elektrogerät, ließ dann aber alle Voruntersuchungen ohne Murren über sich ergehen. Das Tablet musste schließlich mit bis in den OP-Saal und war das Erste, wonach er fragte, als die Narkose nachließ. Auch wenn die Schwestern witzelten, man sehe ja nur das Tablet und nie das Kind, prallte diese indirekte Kritik an uns ab. Denn Niklas war trotz Schmerzen zufrieden und ausgeglichen und wirkte in keinem Moment ängstlich oder traumatisiert. Schon ein paar Wochen nach der OP fragte er, wann er denn mal wieder ins Krankenhaus dürfe.«

Sprechen lernen

Intuitiv helfen Eltern ihren Kindern beim Spracherwerb. Sie passen ihre Redegeschwindigkeit an und wiederholen Gesagtes immer und immer wieder.

Unsere Intuition sagt uns auch, ob sich die Sprachentwicklung unseres Kindes im Rahmen bewegt – nicht der Vergleich mit anderen. Aber vergiss nicht, dass jeder Spracherwerb sehr individuell abläuft. Während das eine Kind schon vor dem ersten Geburtstag die ersten Wörter spricht, verständigt sich das andere noch mit zwei Jahren lieber durch Gesten. Das ist keineswegs Faulheit. Wenn ein Kind so weit ist, dann wird es auch sprechen. Bis dahin sollten wir Frustrationen vermeiden und ihm helfen, indem wir auf die Gesten eingehen, aber mit Worten.

Wenn dein Kind auf ein Milchglas zeigt, kannst du sagen: »Möchtest du etwas Milch? Warte, ich gebe dir deine Milch gleich.« Je öfter das Wort wiederholt wird, desto eher nimmt das Kind es in seinen Wortschatz auf. Und irgendwann kommt dann »Mi« statt der Geste. Fordere dein Kind nicht auf, erst »Milch« zu sagen, bevor es welche bekommt. Stell dir vor, jemand würde von dir etwas verlangen, das du einfach (noch) nicht kannst. Das ist doch frustrierend.

Ersetzt dein Kind den fehlenden Wortschatz durch eine ganz eigene Lautsprache, die nur ihr Eltern versteht, darfst du für Außenstehende mit gutem Gewissen den Übersetzer spielen. Dein Kind möchte ja kommunizieren und ein guter Gesprächspartner sein. Es kann nur einfach noch nicht verständlich sprechen. Lass es dabei nicht im Stich, sondern unterstütze es in seinem Lernprozess.

Kinder kommunizieren immer auf dem Level, das ihnen möglich ist. Für sie ist das Gefühl wichtig, verstanden zu werden. Also sollten wir Eltern entspannt bleiben und auf Gesten und Laute unserer Kinder eingehen. Die Worte kommen schon noch früh genug.

Intuitiv verstehen

Kommunikation besteht aber nicht nur aus Sprechen, sondern ebenso aus Zuhören und Verstehen. Auch wenn unsere Kinder die Grundregeln der Sprache erlernt haben, bleibt das Verstehen intuitiv.

Denn auch wenn das Gesprochene phonologisch, lexikalisch und grammatikalisch korrekt ist, kann uns trotzdem manchmal das Verständnis fehlen. Das Kind sagt etwas, aber wir verstehen komplett etwas anderes. Oder wir sagen etwas, aber das Kind hört etwas anderes. Sprache besteht eben nicht nur aus Worten und Grammatik. Gestik, Mimik, Wortwahl und Intonation werden kontextbezogen und im Bruchteil einer Sekunde interpretiert. Dabei kann es schnell zu Fehldeutungen kommen.

Unser Bauchgefühl kann uns dann sehr helfen. Intuition ist die Sprache unseres Unterbewusstseins. Durch intuitives, unreflektiertes und unbewusstes Erkennen dessen, was wie gesagt wird, entwickeln wir ein sicheres Sprachgefühl. Je intuitiver wir sind, umso besser können wir zwischen den Zeilen lesen. Ein Talent, das mit Kindern sehr praktisch sein kann.

Kind verstehen, Handeln verstehen

Lerne also (wieder), dein Kind intuitiv zu verstehen, so wie es in eurer Kennenlernphase selbstverständlich für euch war. Dein Kind zu verstehen, hat noch eine ganz andere Ebene als die kommunikative. Versuche nicht nur zu verstehen, was dein Kind sagt, sondern auch, was dein Kind tut.

Für die meisten Situationen gibt es ganz bestimmte Auslöser. Kein Kind reagiert mit Wut und Trotz, um seine Eltern zu ärgern. Meistens fühlt sich ein Kind unverstanden oder missverstanden, benachteiligt, unbeachtet oder überfordert. Gerade wenn die Worte für diese Gefühle (noch) fehlen oder auch das Selbstbewusstsein, um sie zu äußern, können Kinder sich und ihre Gefühle oft nur durch Wut oder Trotz mitteilen.

Was tun gegen Wutausbrüche?

Nach den Weihnachtsferien war Samuel (4) fast jeden Abend ungenießbar. Sobald ihm etwas nicht gelang – was völlig übermüdet natürlich schnell mal vorkommt –, fing er an, laut und wütend zu schreien und mit Spielzeug um sich zu werfen. Kraftraubende Momente für die ganze Familie. Doch in dieser Situation konnten seine Eltern nicht zu Samuel durchdringen, so sehr übermannte ihn seine Wut. Natürlich war seinen Eltern schnell klar, dass nach fast drei Wochen Ferien der Alltag im Kindergarten anstrengend für ihn sein musste und er einfach nur müde war.

Da nichts in den Momenten half, wenn Samuel seine Ausraster hatte, setzte sich seine Mama nachmittags in einer ruhigen Minute mit ihm hin. Erst einmal kuschelten sie etwas. Dann sagte die Mutter: »Findest du das nicht auch doof, wenn wir abends so doll schimpfen und streiten? Wollen wir es mal ohne Schimpfen und Streiten versuchen, wenn du später ins

> Bett gehst?« Bis zum Zubettgehen erinnerte sie ihn noch zwei bis drei Mal daran: »Heute gehen wir ohne Schimpfen und Streiten ins Bett.« Und siehe da, es funktionierte.
> Am nächsten Morgen wurde Samuel sehr gelobt, weil er so toll ins Bett gegangen war. Das gleiche Prozedere wiederholten die Eltern an den nächsten Tagen immer und immer wieder. Die Worte „Nicht streiten und schimpfen" gingen nach und nach wie eine Art Mantra in ihren täglichen Sprachgebrauch über. Nach einiger Zeit reichte bei den ersten Anzeichen eines Wutanfalls bereits der kleine Hinweis: »Ach Samuel, streiten und schimpfen finden wir doch doof« – und der Wutanfall war abgewendet. Zuerst traute die Familie der neuen Harmonie noch nicht. Doch das Konzept bewährte sich: Ohne großes Gebrüll, Schimpfen und mit viel weniger Kraftanstrengung lassen sich seither viele Situationen mit Eskalationspotenzial entschärfen.

Der berühmte Tropfen, der das Fass zum Überlaufen bringt, zeigt sich gern in kleinen, aber feinen Nuancen. In einer Sekunde ist die Welt noch in Ordnung, in der anderen bricht das Kartenhaus aus Harmonie zusammen.

Frage dich dann: Wie äußert mein Kind seine Gefühle? Was steckt vielleicht dahinter? Was war, bevor die Situation eskalierte? Aber auch: Wie erlebst du die Gefühle deines Kindes? Was machen sie mit dir? Wie reagierst du darauf? Lass dein Kind immer auch dein Handeln verstehen. Ein Kind ist wesentlich kooperativer, wenn es versteht, warum etwas so sein soll und nicht anders. Statt mit »Wir machen das so« probiere es mit »Wir machen das so, weil ...«.

Wenn wir die kleinen Auslöser im Alltag erkennen, können wir im besten Fall potenzielle Konfliktsituationen verhindern oder abschwächen. Wenn du verstehst, wie dein Kind handelt, warum es etwas in einer bestimmten Situation tut und wie es Stress, Herausforderungen und Überforderungen begegnet, kannst du aus deinem Bauchgefühl heraus besser und angemessener reagieren.

Kreativität: individuelle Lösungen finden

Wer kennt es nicht? Die Kinder unserer Freunde sind höflich, freundlich, helfen im Haushalt und gehen brav und artig zu einer bestimmten Zeit ins Bett. Da fragt man sich zwangsläufig: Wie machen die das bloß? Eins ist sicher, diese Freunde haben Regeln und Routinen, die sich im Alltag bewährt haben und für ihre Familie bestens funktionieren. Was aber nicht heißen muss, dass ihre Lösungen auch in deiner Familie funktionieren. Denn zum Gelingen von Lösungen tragen unzählige Faktoren bei. Verstellt man irgendwo eine noch so kleine Schraube, funktioniert das sensible Uhrwerk möglicherweise nicht mehr. Fremde Lösungen sind fast schon zum Scheitern verurteilt – eigene müssen her.

Schau deshalb nicht, wo das Gras grüner ist, sondern finde individuelle Lösungen für deine Familie. Das kann sich auf generelle Lösungen, aber auch auf spontane und angemessene Problemlösungen beziehen. Dafür ist nicht nur Mut zum Anderssein gefragt, wir müssen auch die Angst vor dem Scheitern besiegen und eine gehörige Portion Kreativität mitbringen. Intuition ist die Grundlage deiner Kreativität. Erinnere dich nur an die Übungen im Kapitel »Intuition festigen« (Seite 69).

Blockiert durch Vernunft

Unser Gehirn besteht bekanntlich aus zwei Teilen – dem logisch und dem kreativ geprägten. Die linke Gehirnhälfte ist unter anderem zuständig für Logik, Analyse und Regeln. Die rechte Gehirnhälfte hingegen ist verantwortlich für unsere Phantasie, unsere Kreativität, unsere Gefühle und eben unsere Intuition.

Damit besitzt prinzipiell jeder Mensch die Veranlagung für Kreativität, um alltägliche Probleme zu lösen und zu bewältigen. Es kann aber von Person zu Person sehr unterschiedlich sein, in welcher Gewichtung wir unsere beiden Gehirnhälften nutzen. Manche nutzen ihre linke Gehirnhälfte mehr als die rechte, bei anderen ist es genau umgekehrt. Bei manchen ist das so, weil sie es nicht anders gelernt haben, bei anderen ist es Veranlagung oder Teil ihrer Persönlichkeit, wie sehr oder wie wenig kreativ sie sind.

Dabei muss Kreativität nicht immer etwas ganz Großes und Geniales wie Kunstwerke, Erfindungen, Entdeckungen, Neugründungen oder gar Revolutionen mit sich bringen. Es gibt auch so etwas wie eine ganz alltägliche Kreativität. Oft sehen wir gar nicht, wie kreativ wir in unserem Alltag bereits sind. Schuld daran sind Automatismen in unserem Alltag. Mechanismen, mit denen wir es uns in der Regel leichter machen wollen, die uns aber auch davon abhalten, Prozesse kreativ zu gestalten. Wenn wir zum Beispiel kochen, machen wir stets die gleichen Handgriffe, nehmen die Gewürze, die sich bewährt haben, oder beschränken uns auf jene, die im Rezept stehen. Wir halten uns an die Regeln und bleiben bei unseren Gewohnheiten. Dabei können tolle, neue Sachen entstehen, wenn wir uns trauen, alte Muster zu durchbrechen. Das ist der erste Schritt dazu, unsere Kreativität zu trainieren. Denn: Jeder kann lernen, seine Kreativität bewusst zu nutzen und zu steuern – für sein Leben, seine Arbeit und seine Umwelt.

Kopf aus, Kreativität an

Wer kreativer sein möchte, muss lernen, seinen Kopf auszuschalten. Denn wie oft passiert es uns, dass wir vor einem Problem sitzen, dieses immer und immer wieder durchgehen und analysieren, ohne jedoch eine Lösung zu finden? Wenn wir uns dann mit etwas ganz anderem beschäftigen, überkommt uns schließlich ein Geistesblitz. Wie kann das sein? Wenn wir uns zu sehr verkrampfen, zu angestrengt nachdenken und versuchen, eine Lösung zu erzwingen, blockiert unsere Vernunft und Logik unsere rechte Gehirnhälfte. Kreativität kann sich nicht entfalten, unterbewusste Ereignisse und Ideen können nicht aufgearbeitet werden.

Sobald wir uns aber mit einfachen Tätigkeiten wie Staubsaugen, Geschirrspülerausräumen, Wäschewaschen, Laufen oder Spazierengehen ablenken, schaltet unser logischer Part ab und aktivert dadurch unser kreatives Zentrum. Dieses kann nun Dinge, die uns beschäftigen, im Hintergrund aufarbeiten – was dann oft zu einem Ergebnis, zu einer Idee oder einer Lösung führt. Oft können wir nicht nachvollziehen, woher der Geistesblitz kommt oder wie wir darauf gekommen sind, aber wir können damit arbeiten.

Die enge Verbindung zwischen Intuition und Kreativität wird so besonders deutlich. Für Bauch- und Herzentscheidungen brauchen wir unsere kreative Gehirnhälfte, die von uns jedoch oft nicht ausreichend trainiert wird. Bestenfalls gelingt es uns nicht nur, beide Gehirnhälften in Einklang miteinander zu bringen, sondern besser zu verkoppeln, sodass keine Seite die andere blockiert oder ausbremst. So erkennen wir, ob uns unsere Geistesblitze wirklich vorwärtsbringen oder ob sie Luftschlösser sind und bleiben.

Vernunft und Kreativität müssen sich also gar nicht widersprechen, sondern können sich auch gegenseitig beflügeln. Wir können auch bei kindlicher Planlosigkeit ernsthafte Absichten haben, auch bei starker Liebe einen Drang nach Individualität. Wir können uns voll und ganz auf ein Thema konzentrieren und dabei trotzdem einen offenen Geist haben, wir können uns ebenso für Naturwissenschaften interessieren wie für schöne Künste. Wir können mit Fachwissen glänzen und trotzdem unserer Intuition folgen. Wir können wissen und fühlen – und zwar gleichzeitig.

Schlüsselqualifikation für Eltern

Kreativität ist eine enorm wichtige Schlüsselqualifikation für Eltern, die in allen schlummert und niemals unterdrückt werden sollte. Ein Kind zu fördern, Grenzen zu setzen, ihm Rechte einzuräumen und Pflichten zu geben, seine Interessen mit den eigenen Bedürfnissen abzustimmen – all das sind große Herausforderungen. Deshalb sind in der Erziehung so oft kreative Lösungen und Kompromisse gefragt. Diese sollten zwar den eigenen Prinzipien im Umgang mit dem Kind nicht widersprechen, aber uns dennoch schnell, effizient und ohne Theater an das gewünschte Ziel bringen.

Der tägliche Kampf: Zähneputzen

Wer kennt es nicht? Kinder, die sich vor dem Zähneputzen drücken wollen. Ein Kampf, den Eltern wohl überall auf der Welt mindestens zweimal täglich führen. Warum sollte es bei Anna also anders sein? Jeden Morgen und jeden Abend das gleiche Theater. Sobald sie die Zahnbürste auch nur sah, fing sie an zu schimpfen, zu diskutieren oder versteckte sich sogar. Aber was sein muss, muss sein.

Annas Eltern probierten alles: Belohnungen, gut zureden und auch »Augen zu, Mund auf und durch«. Aber wer schon einmal versucht hat, einem Kind die Zähne unter Zwang zu putzen, weiß, welch schweres Unterfangen das sein kann. Der Mund ist schneller wieder zu, als man gucken kann, und die Lippen werden so stark aufeinandergepresst, dass man einen Wagenheber bräuchte, um den Mund zu öffnen.

So musste auch bei Anna eine andere Lösung her. Ihr Papa nutzte dafür ihr Interesse an Monstern. Sie hatte keine Angst vor ihnen, sondern sie faszinierten Anna. »Uh, was habe ich da denn gerade gesehen? Sitzen da etwa klitzekleine Monster auf deinen Zähnen? Komm, die müssen wir schnell wegputzen, bevor die noch Chaos machen und deine Zähne kaputtgehen.« Anna öffnete bereits beim ersten Versuch begeistert den Mund und ließ sich gründlich die Zähne von »Monstern befreien«. Nach einigen Tagen griff sie sogar selbst zur Zahnbürste.

Die Lösung war vielleicht etwas unkonventionell, Annas Papa hatte zumindest noch nie davon gehört. Aber es passte perfekt zu seiner Tochter und funktionierte sehr gut.

Kreativität hilft uns, uns schneller auf neue Situationen einzustellen und einzulassen sowie angemessene, originelle und oft gut funktionierende Lösungen für Probleme und Konflikte zu finden. So können wir schwierige Situationen meistern, indem wir improvisieren und uns von unseren klassischen Denkmustern lösen.

Dabei können wir eine Situation komplett neu denken oder verschiedene Faktoren kreativ zu etwas Neuem kombinieren. Kreativität gibt uns eine innere Haltung der Zuversicht, Herausforderungen mit Mut und Offenheit zu begegnen.

Trocken werden ist gar nicht so einfach

Die Eltern von Laura (3½) entdeckten erste Zeichen, dass sie keine Windeln mehr tragen mochte. Sie ging stolz aufs Töpfchen, wenn man es ihr hinstellte. Die Sprachentwicklung war bei Laura aber noch nicht so ausgeprägt, dass sie Bescheid geben konnte, wenn sie nötig musste. Außerdem machte sie gern alles allein und selbstständig.

Tipps von Freunden und Verwandten wollten bei Laura einfach nicht fruchten. Ihre Eltern stellten regelmäßige Timer und versuchten, ihr die Windeln vollständig wegzunehmen, ganz nach dem Motto »Angebot und Nachfrage«. Am besten funktionierte es, wenn sie mit nackigem Popo umherlaufen durfte und aufs Töpfchen gehen konnte, wenn sie musste. Das war natürlich keine dauerhafte Lösung. Doch sobald die Mutter ihr eine Hose anzog, war es nur eine Frage der Zeit, bis ein kleines Missgeschick passierte. »Du kannst es doch Mama und Papa sagen, wenn du auf die Toilette musst« half nichts. Laura wollte ihren Eltern partout nicht Bescheid geben, sondern wollte es allein machen.

Als ihre Eltern das erkannten, besorgten sie einen Schwung Hosen, Leggings, Stumpfhosen und Unterhosen mit Gummizug. Sie zeigten Laura drei bis vier Mal, wie sie die Kleidungs-

stücke allein herunter- und wieder hochziehen konnte. Nach nur wenigen Tagen hatte Laura den Dreh raus und war fortan (tagsüber) trocken.

Ohne Kreativität keine Veränderung: Alle Eltern wissen, wie schnell sich die Lage ändern kann. Was gestern noch bestens funktioniert hat, kann morgen schon das fragile Kartenhaus der Familienharmonie in sich zusammenfallen lassen. Dann müssen neue Lösungen her – und zwar sofort.

Regeln für Kreativität in der Erziehung

Kreative Lösungen brauchen ein paar Spielregeln, damit sie funktionieren:

- Kreative Lösungen sollten angemessen und passend zu der jeweiligen Situation sein. Erfolgt eine kreative Lösung nicht unmittelbar und eng verbunden mit einer Situation, kann sie willkürlich erscheinen.
- Kreative Lösungen sollten berücksichtigen, wie weit das Kind in seiner Entwicklung ist. Sie dürfen das Kind nicht unter- oder überfordern.
- Es ist immer wichtig, zuerst das Kind zu verstehen, um dann zu überlegen, wie es sich fördern und fordern lässt.
- Eltern sollten in ihren kreativen Ansätzen authentisch bleiben. Ein Kind spürt schnell, wenn eine Lösung »wie an den Haaren herbeigezogen« ist.
- Wichtig ist der richtige Ort und der richtige Zeitpunkt. Eltern spüren, wenn die Stimmung so gut ist, dass sie kreativ und produktiv sein können.

> Bei Kreativität in der Erziehung ist eine große Portion Gelassenheit gefordert. Eltern dürfen durchaus intuitiv und humorvoll an die Sache herangehen.

Beachten Eltern diese Regeln, kann Kreativität jede Erziehung sehr beflügeln. Denn Veränderungen geschehen nicht über unseren Verstand, sondern durch das Erleben. Kinder müssen erleben, dass eine bestimmte Handlung unerwünschte Folgen hat – und dass ein verändertes Verhalten ihnen Vorteile bringt.

Wenn du anders als sonst reagierst, eine ungewohnte Rolle oder Position einnimmst oder dich anders verhältst, merkt dein Kind durch die kreative Herangehensweise unterbewusst: Hier passiert etwas Außerordentliches – und erkennt dadurch die Wichtigkeit der Sache.

Ob und wie viel Kreativität bei deinem Kind funktioniert, musst du selbst herausfinden. Jedes Kind hat eine andere Persönlichkeit und ist deshalb mehr oder weniger empfänglich für verschiedene Maßnahmen. Und selbst wenn etwas heute funktioniert, heißt das noch lange nicht, dass das auch für zukünftige ähnliche Situationen gilt. Trage es mit Fassung und nutze die Chance, immer wieder deine eigenen kreativen Potenziale im Umgang mit deinem Kind auszuschöpfen.

Zeit: das eigene Tempo finden

Auch wenn Intuition spontan und unmittelbar ist – es muss nicht immer alles sofort geschehen. Intuitive Menschen tun sich manchmal schwer mit Geduld. Gerade wenn es um unsere Kinder geht, können uns manche Entwicklungen nicht schnell genug gehen.

Geduld und Intuition scheinen sich erst einmal zu widersprechen. Dabei hat Intuition sehr viel damit zu tun, sein eigenes Tempo zu finden und anderen ihr eigenes Tempo zuzugestehen.

Kennenlernen braucht Zeit

Es ist vollkommen legitim, sich in die Elternrolle erst einmal einfinden zu müssen, wenn ein Kind auf die Welt kommt. Für manche ist es Liebe auf den ersten Blick, andere brauchen länger, um im neuen Leben anzukommen. Viele Eltern haben dann ein schlechtes Gewissen, weil sie nicht ab dem ersten Moment von einem Gefühl der vollkommenen Liebe überrollt werden. Dabei ist niemand deshalb besser oder schlechter. Jeder sollte sich die Zeit gönnen, die er oder sie braucht, um sich als Vater oder Mutter zu fühlen. Dafür gibt es keinen vorgeschriebenen Zeitraum.

Übermütter gibt es nur im Kopf

Die Verunsicherung kommt vor allem von außen durch den hohen Druck der Gesellschaft. Wir fühlen uns schlecht, weil es bei uns nicht so perfekt läuft wie bei anderen. Eltern scheinen in einem ständigen Wettbewerb untereinander zu stehen: Wer ist am besten organisiert? Wer backt selbst – und am besten noch bio, zuckerfrei und vegan? Wer bastelt stundenlang und geduldig an kleinen Schätzen? Wer spielt rund um die Uhr und stets pädagogisch wertvoll mit seinen Kindern? Und wer ist immer pünktlich und dabei noch perfekt gestylt?

So entstehen in unseren Köpfen Übermenschen eines Elterntypus, den wir in der Realität wohl nirgendwo finden können. Denn auch die besten Eltern sind nicht perfekt – und Liebe lässt sich nicht messen. Auch nicht an Kindergeburtstagen, die Disneyland langweilig erscheinen lassen. Ein Kind wird sich nicht an eine Geschenkeschlacht, eine stylische dreistöckige Torte und ein nicht endenwollendes Repertoire von Spielen erinnern, sondern daran, dass es von seinen Freunden und seiner Familie gefeiert wurde, dass sich alle wohlgefühlt haben, dass niemand gestresst und die Stimmung ausgelassen war.

Das Leben ist kein Wettbewerb

Doch der Wettbewerb geht noch viel weiter. So vergleichen wir nicht nur uns in unseren Elternqualitäten mit den anderen, sondern auch unsere Kinder untereinander. Aber Vergleiche bringen niemanden weiter. Jeder Vergleich ist wie eine kleine Verurteilung. Denn ein Vergleich heißt auch: Das kannst du (noch) nicht.

Dass Eltern Ambitionen für ihren Nachwuchs haben, ist zunächst einmal etwas Gutes und Positives. Ein Kind darf aber nicht zum Projekt werden. Ein Kind merkt dann, dass es nicht als Person im Zentrum des Interesses steht. Dann geht es nicht um das Kind, sondern um Ziele und Erfolge. Das kann ein schlechtes Selbstwertgefühl erzeugen, denn das Ich des Kindes kann sich nicht losgelöst von den Ansprüchen und Erwartungen der Eltern entwickeln.

Dabei dürfen wir nicht vergessen, dass jedes Kind ein Individuum ist. Kinder entwickeln sich ganz unterschiedlich. Ihre Entwicklung und ihre Fortschritte sind in einem Zuhause voller Liebe und Geborgenheit in der Regel kein Spiegel mangelnder elterlicher Fürsorge. Auch in einem Umfeld mit jeder Menge kommunikativer Sprachangebote kann ein Kind beispielsweise ein »Late Talker« sein. In welchem Alter ein Kind noch im elterlichen Bett schläft oder wie lange es ohne Eltern bei Freunden oder einem Hobby bleiben kann, ist kein Zeichen für Bindungsängste oder ein gestörtes Urvertrauen, sondern zeigt die Persönlichkeit eines Kindes. Manche Kinder sind extrovertiert und begrüßen schon mit zwei Jahren freundlich und offen alle Gäste, andere sind introvertiert und haben damit auch noch in der Pubertät ihre Probleme.

Oft ist das Bauchgefühl richtig

Frieda hat zwei Kinder. Ihre erste Tochter Charlotte war ein typischer »Late Talker«. Egal, welche Sprachangebote ihr auch gemacht wurden, sie machte den Mund einfach nicht auf. Ihr

Vokabular beschränkte sich auch kurz vor ihrem dritten Geburtstag auf das Nötigste: Mit »Mama«, »Papa«, »Kakao« und noch zwei bis drei Namen kam sie gut durch die Welt. Sie war introvertiert und tat Dinge oft erst, wenn sie sie auch wirklich konnte. Eine kleine Perfektionistin. Ihre Mutter machte sich keine Gedanken, auch wenn gleichaltrige Kinder deutlich mehr sprachen. Sie gab Charlotte die Zeit, die sie brauchte. Um ihren dritten Geburtstag herum platzte dann der Knoten und Charlotte fing an, in vollständigen Sätzen und verständlich zu sprechen.

Bei Charlottes jüngerer Schwester Sophie war es anders. Auch sie konnte mit drei Jahren kaum verständlich sprechen. Im Gegensatz zu ihrer großen Schwester, die gar nicht erst irgendwelche Anstalten machte, zu sprechen, konnte man den großen Willen bei ihr förmlich spüren. Sie quasselte und quasselte – doch niemand verstand sie wirklich – was natürlich häufig zu Frustration und Wut führte. Konnte Sophie anfangs die meisten Wörter einfach nur schwer artikulieren, verdrehte sie später nicht nur ganze Sätze, sondern auch einzelne Wörter.

Ihrer Mama war schnell klar, dass hier eine Entwicklungsstörung vorliegen musste, zumal Sophie unter der Geburt einen schweren Sauerstoffmangel erlitten hatte. Ein Kampf mit Ärzten und Behörden begann. Niemand wollte eine Diagnose stellen und Fördermaßnahmen verordnen. Mit deutlicher Verzögerung bestätigten Ärzte die Probleme beim Spracherwerb und Sophie konnte eine logopädische Therapie beginnen.

Friedas komisches Bauchgefühl wurde bestätigt – allerdings viel zu spät. Hätte man ihr Glauben geschenkt und auf ihre mütterliche Intuition vertraut, hätten wichtige Fördermaßnahmen wesentlich früher beginnen können.

Die Beurteilung kindlicher Entwicklungsstands sollten Profis übernehmen. Nicht umsonst gibt es beim Kinderarzt regelmäßige Vorsorgeuntersuchungen. In Verdachtsfällen kann sich der Arzt noch zusätzlich mit Spezialisten wie HNO-Ärzten, Orthopädinnen, Neurologen usw. beraten. Daraus ergibt sich bei Bedarf ein spezielles Therapieangebot.

Es bringt nichts, Kinder in eine Form pressen zu wollen, die nicht zu ihnen passt. Gras wächst auch nicht schneller, wenn man daran zieht. Entwicklungsschritte lassen sich nicht beschleunigen, wenn nicht gerade ein ärztlich nachgewiesenes Problem vorliegt, das professionell therapiert werden kann. Die gewünschten und manchmal auch ersehnten Entwicklungsschritte kommen in den meisten Fällen ganz von selbst. Wir müssen unsere Kinder nicht optimieren, wo wir nur können. Es gibt keine Zeitfenster, die wir verpassen können – aber Kinder können viel verpassen, wenn der Druck zu hoch ist.

Mehr Zeit zum Kindsein

Kinder sollten Kinder sein dürfen – solange es geht. Dafür brauchen sie vor allem eines: Zeit. Zeit zum Spielen. Zeit zum Entdecken. Zeit zum Nachdenken. Zeit mit Freunden. Zeit mit Mama. Zeit mit Papa. Zeit für sich. Freie Zeit. Zeit, um eigene Erfahrungen zu machen. Erfahrungen, die ihnen Eltern nicht abnehmen können, die Eltern nicht beschleunigen können. Unsere Kinder überraschen uns immer wieder. Wie oft stellen wir im Nachhinein fest, dass unsere Sorgen übertrieben waren? Die meisten Kinder sind stärker, als wir denken, und zeigen uns früher oder später, was sie alles draufhaben. Sie geben das Tempo vor – nicht wir.

Laufenlernen braucht manchmal viel Zeit

Kinder lernen laufen, wenn sie etwa 12 bis 15 Monate alt sind. Manche früher, andere später. Clara ließ sich noch viel länger Zeit. Auch mit 17 Monaten machte sie keine Anstalten, allein

> *loszulaufen. Dabei lief sie schon seit vielen Monaten an der Hand – und zwar zunehmend sicherer und stabiler. Aber sobald man ihre Hand losließ, setzte sie sich hin und krabbelte weiter. Beim Krabbeln war sie geschickt und sehr schnell unterwegs. Das Laufen bremste sie nur aus.*
>
> *Überall, wohin ihre Eltern mit ihr kamen, war man erstaunt, dass Clara noch nicht laufen konnte. Doch ihre Eltern ließen sich nicht verunsichern, ihre Antwort war fast immer dieselbe: »Sie steht sich einfach selbst im Weg. Tief in uns wissen wir, dass sie laufen kann – aber sie traut sich einfach nicht, loszulassen. Aber der Tag wird kommen ...«*
>
> *Ihre Eltern behielten recht. Als Clara endlich loslief, war sie von Anfang an sehr sicher und stabil und fiel ungewöhnlich selten hin. Sie lief genauso gut wie Kinder, die bereits seit acht bis zwölf Wochen allein laufen konnten.*

Als Eltern müssen wir lernen, den Fähigkeiten unserer Kinder zu vertrauen. Das klingt einfach, ist es aber oft gar nicht. Doch wenn es uns gelingt loszulassen, uns vom äußeren Druck, dem Vergleich mit anderen und unserem Wunsch, das Beste aus unserem Kind herauszuholen, befreien, wird vieles leichter. Das tut nicht nur uns gut, sondern vor allem unseren Kindern.

Das richtige Tempo finden

Wie finden wir unser eigenes Tempo und das unserer Kinder? Wie schaffen wir es, uns aus dem Teufelskreis der Vergleiche zu lösen? Die folgenden Tipps helfen, das eigene Tempo zu finden:

DURCHATMEN Hast du das Gefühl, die Zeit kriecht nur so dahin, dass du sie unbedingt beschleunigen möchtest? Oder rast sie so schnell, dass du die Welt anhalten möchtest? Dann hast du vermutlich dein Gefühl für die Zeit verloren. Hole dich ins Hier und Jetzt zurück. Atme ein paar Mal tief durch. Halte inne. Mache deinen Kopf frei. Und bedenke: Auch die besten Eltern brauchen Zeit für sich, um runterzukommen, um zu reflektieren, um Kräfte zu sammeln, einfach um durchzuatmen.

FÜHLEN Wenn dich deine Umwelt verunsichert, wenn dich die Sorgen um die Entwicklung deines Kindes überrollen, dann versuche zu erkunden, woher diese Gefühle kommen, und sie einzuordnen. Bist du noch bei dir und deinem Kind? Sind deine Sorgen berechtigt? Oder versuchst du, es anderen recht zu machen? Hast du vielleicht ein unrealistisches Bild im Kopf, das dir das Leben schwer macht?

STOPPEN Angst und Sorge sind der perfekte Nährboden für Überprotektionismus und Übersprunghandlungen. Auch wenn dich die Sorge, dein Kind könnte etwas verpassen, antreibt, halte zwischendurch an. Entscheide nicht vorschnell, was dein Kind braucht oder nicht. Schlafe eine Nacht darüber. Erkunde, was dir und deinem Kind wirklich guttut.

RITUALISIEREN Auf der Suche nach dem eigenen Tempo ist ein eigener Rhythmus im Alltag sehr hilfreich. Durch diese Stabilität können sich die Dinge zu ihrer Zeit entwickeln. Für Kinder ist das extrem wichtig, damit sie sich bei jedem Entwicklungsschritt im Leben orientieren können. Bei allem, was auf Kinder im Alltag einwirkt, brauchen sie stabile Bezugspunkte.

AUSSITZEN Es gibt Herausforderungen und Probleme, die sich nicht von heute auf morgen bewältigen und lösen lassen. Manchmal hilft es schon, stressige oder emotionale Phasen einfach auszusitzen. So manches Problem erledigt sich unter Umständen von ganz allein.

VERTRAUEN Eltern müssen manchmal einfach nur etwas mehr Vertrauen haben, dass ihre Kinder ihren Weg gehen – auch ohne ihr Zutun. Jedes Kind ist anders und eine eigene Persönlichkeit. Kinder können und wollen autonom sein und können auch im jungen Alter schon eigene Entscheidungen treffen.

FEIERN Wenn ein Kind einen Entwicklungsschritt macht, dürfen Eltern das feiern. Das brauchen nicht nur die großen Schritte wie Laufen oder Sprechen zu sein, sondern können auch ganz kleine sein. Dein Kind hat bei Oma geschlafen, es hat sein Spielzeug geteilt oder es hat beim Aufräumen geholfen? Feiere und lobe es dafür. Welche Entwicklungsschritte euch wichtig sind, bestimmt ihr allein.

REAGIEREN Es gibt aber auch Momente, in denen schnelle Reaktionen gefragt sind. Solche Augenblicke kennst du aus deinem Leben mit Kind bestimmt zur Genüge. Dann hilft nur: Denke nicht zu viel nach, sondern verlasse dich auf dein Bauchgefühl. Finde den richtigen Zeitpunkt – und tu es!

Probieren: lernen durch Erfahrung

Wir lernen nicht nur aus Büchern oder durch Regeln – der größte Motor beim Lernen ist die Erfahrung. Wenn wir etwas spüren, etwas tun oder handeln, speichern wir das tief in unserem Gedächtnis. Diese Erinnerung ist wesentlich stärker als die Erinnerung an etwas, das wir gelesen oder das uns vorgetragen wurde.

> —— Sage es mir, und ich werde es vergessen. Zeige es mir, und ich werde es vielleicht behalten. Lass es mich tun, und ich werde es können. ——
>
> Konfuzius

Die zentrale Frage für Eltern sollte daher nicht sein: »Wie kann ich mein Kind endlich dazu bewegen, seine Hausaufgaben zu machen?«, sondern die Fragen: »Was für ein Mensch soll aus meinem Kind später werden? Wen sehe ich vor mir, wenn es ein Erwachsener ist? Was sind die sozialen und lebenspraktischen Fähigkeiten, die mein Kind dann haben sollte? Wie soll mein Kind mit sich und anderen umgehen?«

Denn ganz egal, ob wir persönlich Hausaufgaben als sinnvoll oder sinnlos betrachten, die meisten Lehrer bestehen regelmäßig auf die Erledigung der Schulaufgaben. Auch wenn sie meistens so erscheinen, Hausaufgaben sind im Grunde betrachtet viel mehr als lästige Zeiträuber. Sie vertiefen das Gelernte, sodass es ins Langzeitgedächtnis übergeht. Trotzdem können Hausaufgaben ein lästiges Thema sein, an dem Kinder und Eltern gleichermaßen verzweifeln. Aber lehren sie trotzdem nicht auch etwas für das Leben? Sie zeigen doch, dass wir Neues oft nur durch stetige Wiederholung lernen und dass unbeliebte Aufgaben zum Leben dazugehören. Aus Kindern werden Erwachsen, aus Schülern werden Berufstätige – und auch im absoluten Traumjob gibt es Aufgaben, die man nur ungern macht. Es geht also gar nicht nur darum, ob und wie Hausaufgaben erledigt werden, sondern auch darum, welche Einstellung ich meinem Kind für das Leben mit auf den Weg gebe.

Einstellungen, Einsichten und Lebensweisheiten sind keine Folgen eines strikten Erziehungsprogramms, sondern ergeben sich durch das Zusammenleben in der Familie und entwickeln sich am besten, wenn alle voneinander lernen, statt sich gegenseitig zu belehren und zu bevormunden.

Doch aus Angst vor Fehlern stehen wir uns oft selbst im Weg. Unsere Angst lähmt uns manchmal bis zum totalen Stillstand. Wir fühlen uns machtlos und hilflos. Dabei können Fehler etwas Wunderbares sein – auch wenn es im Moment des Fehlermachens nicht so scheint. Ein Fehler kann uns sehr weit voranbringen. Denn entweder haben wir auf Anhieb Erfolg – oder wir lernen. Manchmal auf die harte Tour, aber wir lernen.

Eine Kultur des Fehlermachens schaffen

Wenn wir sowohl für uns als auch für unsere Kinder eine Kultur schaffen, in der es Raum für Fehler gibt, dann entsteht Mut. Mut, den wir für unseren Alltag dringend brauchen. Nur so können wir Neues wagen und über uns hinauswachsen. Wir müssen etwas wagen und ausprobieren, um zu wissen, ob wir etwas können. Folgende Überlegungen helfen dir, mit Fehlern besser umzugehen:

— Was ist das Beste, was aus diesem Fehler passieren kann?
— Was fühle ich in der Situation? Warum fühle ich das?
— Was kann ich ändern, damit es funktioniert?
— Lohnt sich der Aufwand?
— Was oder wer könnte mir helfen?
— Was kann ich aus der Situation lernen?

Wer Fehler macht, muss nicht nur wieder aufstehen können, sondern sich auch entschuldigen können. Dazu gehört, dass wir auf andere zugehen und das offene Wort suchen, aber auch, dass wir uns selbst verzeihen. Ebenso sollten wir unserer Umwelt vermitteln, dass wir unseren Mitmenschen Fehler verzeihen können. Wir sollten sowohl anderen als auch uns selbst diesen Respekt zeigen.

Der schwierigste Schritt ist oft, zu seinen Fehlern zu stehen. Häufig sind wir der Überzeugung, dass uns unsere Fehler ausmachen und wir nur an unseren Fehlern gemessen werden. Dabei ist es doch so: Fehler machen ist menschlich. Wir beurteilen Menschen nicht nach ihren Fehlern, sondern danach, wie sie dazu stehen. Jemand, der für seine Fehler einsteht und aus ihnen lernt, wird oft mit mehr Respekt belohnt als eine aalglatte, scheinbar fehlerlose Person. Wir erkennen den Mut und die Entschlossenheit an, auch wenn beides nicht von Erfolg gekrönt sein sollte.

Natürlich gibt es Fehler, die wir vermeiden sollten. Besonders jene, von denen eine Gefahr ausgeht, die unsere Gesundheit oder die anderer gefährden könnten oder die Gefühle anderer verletzen könnten.

Aber es gibt auch Fehler, die durchaus sehr produktiv sein können. Besonders, wenn wir etwas lernen oder sie zu individuellen und situationsangepassten Lösungen führen. Dann sind Fehler nicht nur ausdrücklich erlaubt, sondern sogar erwünscht. Dafür müssen wir manchmal einfach nur unserem Bauchgefühl nachgeben und Neues ausprobieren – ganz frei von der Angst, Fehler zu machen.

Von Kindern lernen

In dieser Hinsicht können Erwachsene viel von Kindern lernen. Mit ihrer natürlichen Begeisterungsfähigkeit, ihrer unbändigen Neugier und ihrer Spontanität entdecken sie die Welt – ohne auch nur einen Gedanken daran zu verschwenden, dass ihre eigenen Fähigkeiten limitiert sein könnten. Möchte ein Kind auf einen Baum klettern, dann denkt es nicht, dass es das nicht kann. Es probiert und probiert – bis es gelernt hat, auf den Baum zu klettern. Dabei mag es vielleicht fallen und sich die Knie aufstoßen – aber anschließend ist es um eine Erfahrung reicher. Auch wenn uns beim Anblick der waghalsigen Kletterversuche manchmal schlecht werden sollte – wenn wir eingreifen, nehmen wir dem Kind so viel mehr als unversehrte Knie.

Du kannst das!

> Leopold, der Sohn von Autorin Wiebke, hat einen seltenen Gendefekt, durch den er schlechter wächst und entwicklungsverzögert ist. Um ihn stark und groß für das Leben zu machen, darf er oft Dinge, die in anderen Familien verboten sind. So darf er nicht nur auf die Küchenablage klettern und dort mithelfen, sondern er läuft auch wie selbstverständlich dort oben herum, ohne dass jemand etwas dazu sagt.

Vielen Gästen ist bei diesem Anblick schon das Herz stehen geblieben. Doch die Eltern zucken nur mit den Schultern: »Er ist von Natur aus sehr vorsichtig und macht grundsätzlich nur Sachen, die er kann. Er ist noch kein einziges Mal heruntergefallen. Wir vertrauen ihm, dass er sich selbst gut einschätzen kann.

Indem wir ihm vertrauen, wollen wir sein Selbstbewusstsein stärken. Für ihn ist es toll, wenn er etwas kann (und darf), das andere nicht können. Wir können ihn nicht sein Leben lang in Watte packen, nur weil ein Gen in seinem Körper etwas anderes macht als bei anderen Menschen. Statt zu sagen, was er nicht kann und wofür er zu klein ist, wollen wir ihn stark darin machen, worin er gut ist. Und oben auf der Ablage ist er ausnahmsweise einmal größer als alle anderen – und genießt es.«

Eltern als Wegbegleiter

Natürlich sollten wir unsere Kinder mit ihren Erfahrungen nicht allein lassen. Vielmehr sollten wir zuverlässige Wegbegleiter für sie sein, die da sind, wenn sie uns brauchen. Wir dürfen vor Gefahren warnen und ihnen helfend zur Seite stehen.

Die beste Unterstützung ist dann die Hilfe zur Selbsthilfe. Wir könnten unserem Kind eine Leiter an den Baum stellen, damit es hinaufkommt. Oder es hochheben. Doch dadurch lernt ein Kind nur, es sich bequem zu machen und den einfachsten Weg zu wählen. Wir können dem Kind aber auch Vorschläge machen, wie es allein und sicher auf den Baum kommt.

Kinder, die so ihre Erfahrungen machen dürfen, lernen, ihrem eigenen Rhythmus, ihrem Lerntempo und ihren Interessen zu folgen. Sie erleben und vertrauen auf ihre eigenen Fähigkeiten und ihre Selbstständigkeit und erlangen so mehr Selbstvertrauen. Gelerntes wird dadurch besser verinnerlicht.

Ist ein Hammer ein geeignetes Spielzeug?

Im Garten von Melissa und Ludwig steht eine Nagelbank. Ihre Tochter Emily (3½ Jahre) liebt es, mit einem Hammer Nägel im harten Holz zu versenken. Dass sie dafür einen schweren Hammer in die Hand bekommt, ist für ihre Eltern selbstverständlich. Es kamen schon Freunde zu Besuch, die von ihrer »Verantwortungslosigkeit« schier geschockt waren. Doch Melissa und Ludwig sehen das anders: »Was wird schlimmstenfalls passieren? Es könnte etwas kaputtgehen oder Emily könnte ihren Daumen treffen. Aber ein blauer Daumen ist nichts Schlimmes. Außerdem hat Emily ja noch nicht so viel Kraft. Wenn sie also doch einmal ihre Finger trifft, dann steckt da deutlich weniger Wucht dahinter, als wenn sie das erste Mal mit neun Jahren einen Hammer in den Händen hält. Letztlich lernt sie doch nur so, dass ein Hammer schwer ist und dass man damit aufpassen muss. Aber sie lernt auch, dass sie allein hämmern kann und von niemandem Hilfe braucht. In ihr verankert sich das Gefühl, dass wir ihr viel zutrauen. Das ist doch wunderbar.«

Andererseits muss Emily jedes Mal um einen Nagel bitten. »Wir würden sie nie mit spitzen Nägeln unbeaufsichtigt lassen. Nägel sind wirklich gefährlich und können irreparable Schäden verursachen. Ein blauer Daumen kann schnell wieder heilen, doch ein Nagel im Auge führt zu dauerhafter Blindheit.«

Kinder haben von Natur aus einen großen Hunger nach Wissen und viel Freude am Lernen. Wenn wir das wissen und beachten, können wir unsere Kinder in ihrer Entwicklung ganz ohne Druck begleiten und unterstützen. Wir können ihnen eine lernfreundliche Umgebung gestalten, in der sie sich frei bewegen können, ohne sie dabei zu behindern oder zu bewerten.

Lernen, wachsen, ankommen

Eltern können ihre Kinder nur an das Lernen heranführen. Lernen müssen Kinder aus eigener Kraft und aus sich selbst heraus. Dafür müssen wir lernen, uns selbst mit unseren Ansichten und unserem Vorsprung an Wissen zurückzunehmen. Wenn wir so die natürliche Freude am Lernen unserer Kinder pflegen und sie mit Respekt und Achtung in ihren Lernprozessen unterstützen und anleiten, dann können sie zu autonomen, in sich ruhenden und ausgeglichenen Persönlichkeiten heranwachsen.

Aktion – Reaktion: mit dem Kind arbeiten

Die Rechnung ist eigentlich ganz einfach: Auf jede Aktion folgt eine Reaktion. Doch im Alltag haben wir häufig das Gefühl, dass diese Rechnung nicht ganz aufgeht. Wo hört die Aktion auf und wo beginnt die Reaktion? Reagiere ich auf mein Kind? Oder reagiert mein Kind gerade auf mich, eine Situation oder eine andere Person?

Der Alltag mit Kind ist turbulent, Familienleben ist stetige Veränderung. Da wird gestritten und vertragen, gekuschelt und genervt, geärgert und gelacht. Es kann nicht immer nur alles Friede-Freude-Sonnenschein sein. Das macht Familie aus und das macht das Leben so wunderbar. Sich aneinander zu reiben, gehört einfach dazu. Kinder suchen immer wieder den Konflikt. Sie brauchen das und wachsen daran. Das alles macht sie letztlich zu eigenständigen und selbstbestimmten Persönlichkeiten.

Wir alle sind von Zeit zu Zeit einmal genervt. Das Entscheidende ist, dass wir uns bewusst machen, dass genau das zum Zusammenleben und zum gemeinsamen Wachsen dazugehört. Im Endeffekt sind es nicht unsere Kinder, die uns nerven, sondern ein bestimmtes, situationsgebundenes Verhalten von ihnen.

Eltern als Konfliktvorbilder

Es ist wichtig, wie wir als Familie mit Konfliktsituationen umgehen. An vorderster Stelle steht der gegenseitige Respekt. In puncto Kommunikation und Achtung sind wir die wichtigsten Vorbilder für unsere Kinder.

Wer regelmäßig laut wird, braucht sich nicht zu wundern, wenn die Kinder in seine Fußstapfen treten. Natürlich kann sich jeder mal im Ton vergreifen – das ist nur allzu menschlich. Auch Eltern darf die Welt einmal über den Kopf wachsen und alles zu viel sein. Aber anschließend gilt auch für Eltern, sich zu entschuldigen: »Ich war gerade ziemlich genervt. Das hast du gemerkt, oder? Das passiert mir manchmal. Aber ich hätte dich deshalb nicht so anmotzen dürfen.« Wir können nicht von unseren Kindern erwarten, dass sie sich bei anderen entschuldigen, wenn wir selbst dazu nicht in der Lage sind.

Kinder wollen gefallen

In den seltensten Fällen möchte ein Kind seine Eltern bewusst ärgern. Kinder wollen prinzipiell immer und jedem gefallen. Mit einem nervigen Verhalten versuchen die meisten Kinder, Aufmerksamkeit zu erlangen. Mit Trotzreaktionen wollen sie etwas mitteilen, das sie auf andere Weise nicht ausdrücken können. Provozieren, Hauen, Schubsen, Beißen, Weinen, Beleidigen – die Ursache für »unerwünschtes« Verhalten liegt oft ganz woanders. Wir sehen die Wut, doch unter der Oberfläche brodelt oder schlummert meist etwas ganz anderes.

Ein Wutanfall kann so vieles bedeuten, zum Beispiel:
- Ich bin frustriert.
- Ich kann das schon allein.
- Ich kann das nicht und brauche deine Hilfe.
- Du hast keine Zeit für mich.
- Ich brauche gerade Zeit für mich.
- Ich möchte das auch haben oder tun.

- Ich bin müde.
- Der Tag war anstrengend.
- Das macht mir Angst.
- Mir ist das peinlich.
- Ich bin unsicher.
- Mir ist langweilig.
- Das macht mich traurig.
- Ich teste meine Grenzen.

Versuche, dein Kind nicht für sein Verhalten zu kritisieren oder zu bestrafen, sondern versuche zu verstehen, was hinter dem Verhalten steckt. Für die Gefühlslage deiner Kinder wirst du intuitiv ein feines Gespür entwickeln. Erst dann kannst du angemessen reagieren, sodass sich die Situation bessert.

Die Streitspirale durchbrechen

Zu realisieren und zu reflektieren, was gerade passiert, ist ein guter Weg, um in Streitsituationen aus der Spirale herauszukommen. Oft entstehen Konfliktsituationen, weil Erwartungen enttäuscht werden. Wir erwarten von unserem Kind ein bestimmtes Verhalten oder unser Kind hat eine Erwartung an uns. Mache dir deutlich, was du gerade erwartest, und versuche, genau das klar zu formulieren.

Sind wir es, die viel erwarten, müssen wir uns überlegen, ob unsere Erwartungshaltung vielleicht zu hoch ist. Kann unser Kind vielleicht noch gar nicht »nur kurz« warten, weil ihm das Zeitgefühl dafür noch fehlt? Etwas, das uns kurz vorkommt, kann sich für ein Kind wie eine halbe Ewigkeit anfühlen. Kindliches Zeitgefühl ist anders als das von Erwachsenen. Überlege dir nur einmal, wie kurz dir sechs Wochen vorkommen. Auch Sommerferien dauern »nur« sechs Wochen – aber Kindern kommen sie unglaublich lang vor. Oder eine einstündige Autofahrt. Für einen Erwachsenen ist das eine kurze Strecke, bei einem Kind kann sich hingegen viel Langeweile breitmachen.

Ausnahmesituation Roadtrip

Alexander (6) ist ein sehr lebendiges und aktives Kind. Stillsitzen fällt ihm schwer, immer muss er in Bewegung sein. Lange Autofahrten sind deshalb für alle Beteiligten eher ein Kraftakt als ein entspannter Roadtrip.

Als Alexander endlich in das Alter kam, in dem Kinderserien und Spiele auf einem Tablet interessant wurden, wagten seine Eltern eine mehrstündige Autofahrt. »Von Freunden hörten wir die tollsten Geschichten, wie entspannt Reisen doch ist, wenn das Kind auf der Rückbank ausnahmsweise mal das Tablet haben darf. Es klang so toll – und ging gewaltig schief. Eine halbe Stunde lang war das Tablet ein guter Zeitvertreib, doch dann wurde mit der Schwester lautstark um das Programm gestritten und das Tablet flog durchs Auto.«

Eine andere Lösung musste her – und zwar schnell, denn das Navi zeigte noch über 250 km bis zum Ziel an. »Aus purer Verzweiflung fing ich an, die Lieblingslieder meines Sohnes zu singen«, erzählt seine Mutter. »Überraschenderweise stimmte er mit ein. Seitdem singen wir sehr, sehr, sehr viel im Auto – denn wer singt, der kann nicht streiten.«

Enttäuschte Erwartungen klärst du am besten im offenen und respektvollen Gespräch. Verlasst dafür wenn möglich die Situation. Mit etwas (räumlichem) Abstand könnt ihr darüber reden, was gerade schiefgelaufen ist, und gemeinsam nach einer Lösung suchen.

Formuliere deine Bedürfnisse (Harmonie, Ruhe usw.) ganz klar. Danach frage dein Kind nach seinen Bedürfnissen. Höre dir aufmerksam die Aussagen deines Kindes an. Kann dein Kind noch nicht sprechen, dann versuche, die nonverbalen Zwischentöne zu verstehen. Wie äußert dein Kind seinen Unmut? Wenn dein Kind tatsächlich »nur« deine Aufmerksamkeit wollte, dann hat es sie durch deinen Schritt auf es zu bekommen – und zwar auf positive Art und Weise. Es fühlt sich verstanden – und auch du verstehst dein Kind besser.

Der Kreislauf des Schimpfens

Schimpfen, Meckern, Motzen sollte im besten Fall die absolute Ausnahme sein. Denn wenn die Schimpferei erst einmal angefangen hat, kommt man meistens nur schwer wieder heraus. Eltern und Kinder schaukeln sich gegenseitig hoch. Dann hilft nur noch: Tief durchatmen und sich bewusst machen, wer der Erwachsene ist. Nur so können wir gelassener werden. Denn nicht jedes Thema muss bis zum bitteren Ende ausdiskutiert werden.

Manchmal ist leichteste Weg auch der beste: einfach aufhören, sich weniger reinsteigern und mehr lachen. Humor kann so guttun. Ablenkung auch. Ziehe auch einmal einen Schlussstrich unter euren Streit. Warum nicht einfach einmal sagen: »Das war jetzt doof. Lass uns das Thema abhaken«? Lasst das Streiten sein, habt euch lieb und geht ein Eis essen. Oder spielt eine Runde etwas zusammen. Ganz egal, tut etwas, das euch entspannt, den Streit vergessen lässt und euch verbindet.

Jeder hat mal einen schlechten Tag

Manchmal kommt es vor, dass die Kinder gar nicht nerven, sondern du selbst schlecht drauf bist. Jeder hat solche Tage und darf sie auch haben. Ein Trugschluss ist aber, dass wir grundlos schlecht gelaunt sind. Es lohnt sich immer, seiner miesen Stimmung auf den Grund zu gehen – allein schon, um sich selbst besser zu verstehen und weniger aus dem Affekt zu handeln. Indem wir uns um uns selbst sorgen und die eigenen Bedürfnisse wichtig nehmen, werden wir gelassener und auch ausgeglichener.

Gleiches gilt auch für unsere Kinder. Nehmen wir ihre Bedürfnisse wahr und ernst, dann können sie besser in sich ruhen, weil sie sich verstanden und geborgen fühlen. Ein Säugling schreit nicht, weil er seine Eltern ärgern möchte, sondern weil er damit den Wunsch nach Körperkontakt und nach Bindung äußert.

Lässt man ein Kind auch aus gut gemeinten Gründen weinen, um es beispielsweise nicht zu verwöhnen, um es abzuhärten oder im Rahmen eines Schlaflernprogramms, macht das Kind schon in einem jungen Alter die Erfahrung von Zurückweisung. Die Folgen müssen nicht, können aber schwerwiegend sein.

Karl wollte nicht an die Brust

Karl war ein Frühchen. Die ersten Wochen seines Lebens verbrachte er im Krankenhaus. Anfangs fehlte ihm die Kraft zum Trinken. Er wurde über eine Sonde und später mit einem Fläschchen mit abgepumpter Muttermilch gefüttert. Endlich zuhause, wollte seine Mama ihn endlich stillen. Doch Karl sträubte sich. Bei jedem Versuch fing er an zu schreien und verschluckte sich immer wieder, bis endlich die rettende Flasche kam.

Von allen Seiten hörte die sowieso schon verzweifelte Mutter: »Anlegen! Anlegen! Anlegen!« Doch je öfter sie es probierten, desto schlimmer wurde es. Mutter und Kind waren nur noch gestresst. »Nach drei bis vier Wochen hatte ich das Gefühl, wir beide brauchen dringend eine Pause. Karl fing schon an zu schreien, sobald er nur meinen Busen sah. Ich blendete die Stimmen um uns herum aus und gönnte uns die Pause. Wir alle waren dadurch so viel entspannter. Karl trank seine abgepumpte Milch, nahm zu und tankte Kraft.

Nach zwei Wochen ohne Stillen machten wir es uns gemütlich und versuchten es erneut – und yeah, es klappte endlich. Der Druck war weg und der Knoten platzte. Ich bin so froh, dass ich nicht auf all die anderen gehört haben, sondern wir unseren eigenen Weg gefunden haben.«

Schutz vor emotionalen Schäden

Wer auf die Signale seines Babys und auf seine Intuition vertraut, macht vieles schon richtig. Der Schutz unserer Kinder sollte immer im Mittelpunkt stehen – in jedem Alter.

Zum Schutz ihrer emotionalen Stabilität sollten Strafen, Erpressungen, aber auch Belohnungen, vermieden werden. Diese Maßnahmen sind nicht nur manipulativ, sondern haben auch einen äußerst destruktiven Charakter. Sie vermitteln dem Kind die Botschaft: Du bist ein gutes Kind, wenn du funktionierst, spurst und tust, was wir wollen, wenn du dich durch Strafe oder Belohnung dirigieren lässt. Ein freier Wille und eine starke Persönlichkeit können sich so nicht entwickeln.

Ein Kind zur Strafe in sein Zimmer zu schicken, löst keine Probleme. Es demonstriert nur, dass die Eltern am längeren Hebel sitzen und mächtiger sind. Statt über den Konflikt nachzudenken, fühlt sich das Kind unverstanden, zurückgewiesen und vielleicht sogar ungeliebt. In der Stille des Zimmers kann sich das Kind immer weiter in dieses Gefühl hineinsteigern. Sein kindliches Urvertrauen und die Beziehung zu seinen Eltern können dadurch großen Schaden nehmen.

Konflikte auf Augenhöhe

Versuche zu kommunizieren, ohne dein Kind dabei zu bewerten und ihm ständig zu sagen, was es zu tun hat. Frage dich, ob du eine Auseinandersetzung, die du mit deinem Kind führst, so auch mit einem erwachsenen Freund führen würdest. Wenn ja, begegnet ihr euch auf Augenhöhe. Wenn nein, habt ihr daran noch zu arbeiten.

Jedes Kind sollte in einer Familie ein wichtiges, gleichwertiges, bedeutendes und würdiges Mitglied sein. Man stelle sich nur vor, ein Partner sperrte den anderen zum Nachdenken im Schlafzimmer ein – ein Skandal. Ein solcher Perspektivwechsel zeigt uns sehr schnell auf, wie wir unseren Kindern begegnen.

Für eine Begegnung auf Augenhöhe ist es notwendig, wertschätzend mit seinen Kindern umzugehen, Gespräche ernsthaft zu führen und die Kinder von Anfang an bei der Suche nach Kompromissen und Lösungen zu beteiligen. Das ist zunächst zwar anstrengender, führt aber dazu, dass wir gar nicht erst zu entwürdigenden Strafen und Erpressungen greifen müssen.

Manchen Eltern mag es unmöglich erscheinen, Regeln und Grenzen ohne kleine Strafen und Erpressungen zu vermitteln. Eltern sollten ihren Kindern jedoch die Konsequenzen ihres (Fehl-)Verhaltens aufzeigen, zum Beispiel »Wenn du deine Hausaufgaben nicht machst, bekommst du Probleme in der Schule.« Außerdem sollten sich alle an Regeln halten. Wenn es zum Beispiel klare Absprachen zur Handynutzung gibt, können durchaus Verbote folgen, wenn sie gebrochen werden. Wichtig ist, dass die Folgen angemessen, fair und unmittelbar sind – und für Kinder und Erwachsene gleichermaßen gelten.

Reden auf Augenhöhe

Begegnung auf Augenhöhe beinhaltet nicht nur, wie wir mit unseren Kindern reden. Es kann schon viel bedeuten, die physikalischen Unterschiede zwischen Kind und Erwachsenem zu überwinden, indem wir uns auf die Knie oder in die Hocke begeben und uns so tatsächlich auf Augenhöhe mit dem Kind befinden.

Wenn wir unbewusst von »oben herab« kommunizieren, haben manche Kinder das Gefühl, herabgewürdigt zu werden. Sie fühlen dann: »Der Erwachsene hat hier das Sagen« und »steht über mir.«

Fühlen auf Augenhöhe

Das gegenseitige und gleichberechtigte Begegnen in einer Familie bedeutet auch, die Gefühle des anderen ernst zu nehmen. Doch viel zu oft blocken wir die Empfindungen unseres Kindes mit unbedachten

Aussagen wie »Das ist doch nicht so schlimm« ab. Doch wer gibt uns das Recht, ein Gefühl zu beurteilen?

Für ein Kind kann seine Wahrnehmung und sein Empfinden in einem Moment sehr groß und wichtig sein. Versuchen wir, das Problem kleinzureden, fühlt sich das Kind zurückgewiesen und unverstanden. Fühlen wir uns jedoch in unser Kind hinein, fühlt es sich respektiert. Dazu reicht es oft schon, Verständnis zu zeigen und die Gefühle mit Sätzen zu umschreiben, zum Beispiel: »Du bist grad wütend/traurig/frustriert/enttäuscht, das verstehe ich. Kannst du mir erklären, warum?« Dein Kind erkennt dadurch: „Ich werde gesehen, wie ich bin, und ich bin gut, so wie ich bin – mit all meinen Gefühlen." Das ist die beste Basis für ein gesundes Selbstbewusstsein.

Mit Kindern kooperieren

Statt Schimpfen, Bestrafen und Erpressen ist es viel einfacher und harmonischer, gemeinsame Sache mit dem Kind zu machen. Kinder sind in der Regel sehr kooperative Wesen. Dafür muss man gar keine großen Deals mit ihnen aushandeln. Vielmehr funktionieren Kinder doch so: Kooperierst du mit mir – dann kooperiere ich auch mit dir.

Für ein Kind sehen solche Kooperationen oft so aus: Spiel mit mir, bastle mit mir, tobe mit mir, beschäftige dich mit mir, habe Spaß mit mir! Weißt du zum Beispiel, dass Jacke und Schuhe anziehen vor jedem Verlassen des Hauses in einen kleinen Kampf ausarten können, kannst du der Situation vorher den Wind aus den Segeln nehmen. Schon ein kurzes Spiel kann da reichen. Oft muss man gar nicht sagen »So, wir haben jetzt dein Spiel gespielt, jetzt ziehen wir uns schnell an«, sondern das Kind spürt den Mechanismus und macht unter Umständen sogar gern mit.

Hat das Kind hingegen den Eindruck, zu wenig Aufmerksamkeit zu bekommen, dass zu wenig mit ihm kooperiert wird, dann wird es sich häufiger querstellen, ganz nach dem Motto »Wie du mir, so ich dir«.

Gefühle – unser innerer Kompass

Gefühle weisen uns und unseren Kindern den Weg durch das Leben: Negative Gefühle zeigen, was nicht gut ist und möglichst geändert werden sollte. Positive Gefühle bestärken uns darin, in die richtige Richtung zu gehen und auf dem richtigen Weg zu sein. Dafür müssen wir jedoch die volle Bandbreite unserer Gefühle zulassen und reflektieren – nicht nur die des Kindes, sondern auch unsere eigenen. Dabei dürfen wir aber nicht vergessen: Niemand ist für unsere Gefühle verantwortlich – außer wir selbst.

Jedes Kind ist ein Individuum. Es ist einzigartig, so wie jeder Mensch einzigartig ist. Kinder haben ihren eigenen Kopf, sind autonom und willensstark. Um gelassenen(er) miteinander umzugehen, müssen wir unsere Erwartungen an sie herunterschrauben.

Unsere Kinder sind nicht auf der Welt, um uns zu gefallen – geschweige denn, um uns glücklich zu machen. Dieses Gefühl kann sich durch unsere Kinder einstellen, aber es ist nicht die Aufgabe ihres Daseins. Sie haben vielleicht sogar Eigenschaften, mit denen wir nur schwer zurechtkommen. Aber sie in Gänze zu akzeptieren, zu respektieren, anzunehmen und vor allem immer und jederzeit bedingungslos zu lieben, ist unsere wichtigste Aufgabe als Eltern.

Die Kraft des Herzens

Wenn sich Bauchgefühl und Kopfentscheidungen in der Mitte treffen, kommen sie im Herzen zusammen. Nicht umsonst heißt dieses Buch »Erziehen mit Herz und Bauchgefühl«. Denn damit unsere Intuition funktioniert, muss sie mit unserem Herzen in Balance sein

Eine Frage der Balance

Unser Herz kann allerdings sehr schnell aus dem gleichmäßigen Takt kommen. Stress, Hektik, Angst und Panik beispielsweise können unseren Herzschlag durcheinanderbringen. Als Folge schüttet unser Körper mehr Stresshormone aus. Ein faszinierender Mechanismus der Natur, der das Überleben der Menschheit sichern soll. Diese Hormone machen uns wachsamer, reaktionsbereit und setzen ungewohnte Kräfte und Energien für eine mögliche Flucht oder einen Kampf frei.

Einst war das sehr wichtig. Doch heute ist Stress meist nicht mehr überlebenswichtig, oft ist er sogar selbst gemacht. Wenn eine Präsentation nicht rechtzeitig fertig ist oder das Mittagessen nicht um Punkt

13 Uhr auf dem Tisch steht, sind das keine lebensbedrohlichen Situationen. Doch die Folgen sind die gleichen: vermehrte Ausschüttung von Stresshormonen und ein Herzschlag, der aus dem Takt gerät.

Zustände des Wohlbefindens, der Harmonie, der Freude und der Entspannung hingegen haben positive Auswirkungen auf unseren ganzen Körper. Herzschlag, Atem und Puls kommen in Einklang miteinander, sind synchron und gleichmäßig. Ein gleichmäßig schlagendes Herz wirkt sich wohltuend auf den gesamten Organismus aus. Der Körper wird dadurch optimal mit Sauerstoff versorgt. Das führt zu klaren Gedanken und erhöhter Leistungsfähigkeit. Wir sind nicht nur stressresistenter, sondern auch vital, motiviert, kommunikativ, kreativ, gelassener und voller Energie.

Herzentscheidungen für Herzensmenschen

Viele Entscheidungen treffen wir nicht mit unserem Kopf, sondern mit dem Herzen – vor allem, wenn es um unsere Herzensmenschen geht. Liebe zeigt uns das Ziel, unser Verstand lediglich die Mittel, um es zu erreichen. Unser Herz sendet uns emotionale und intuitive Signale, die uns nicht nur helfen, unser Leben zu meistern, sondern die es auch entscheidend lenken.

Im Herzen entsteht unsere Herzkraft, eine unbändige Energie, die uns führt und leitet. Wir spüren unsere Herzkraft bezeichnenderweise in der Brustgegend, als eine Art innere, treibende Kraft, wenn wir Botschaften auf dieser Ebene, der Herzebene, empfangen.

Es muss wohl nicht dazu gesagt werden: Hier ist das Zentrum unserer Liebe – und von Wohlwollen, Wärme, Offenheit, Charisma, Anziehungskraft, Antrieb und unserer inneren Überzeugung. Die Herzkraft macht uns einfühlsam anderen gegenüber und hilft uns, stabile Beziehungen aufzubauen.

Schlau ist, wer auf sein Herz hört

Unsere Herzkraft ist ein sehr wichtiger und nicht zu unterschätzender Part unserer emotionalen Intelligenz. Denn Intelligenz ist mehr als die Fähigkeit zu lernen, zu verstehen, logisch zu urteilen, zu wissen und Wissen für sich zu nutzen.

Unser Herz beginnt im Mutterleib bereits zu schlagen, lange bevor sich das Gehirn ausgebildet hat und seine Aufgabe als Steuerungszentrum des Körpers übernimmt. Das Herz kann aus eigener Kraft funktionieren, ohne dass der Kopf ihm sagt, was zu tun ist. Damit ist es ein äußerst komplexes und unabhängiges Nervensystem. Ein Wunder der Natur.

Das menschliche Herz ist zwar unabhängig, aber nicht allein. Es steht in einem ständigen Austausch mit dem Gehirn. Diese Kommunikation ist keinesfalls einseitig vom Gehirn Richtung Herz, sondern funktioniert in beide Richtungen. Das Herz sendet ebenso Informationen an das Gehirn wie umgekehrt.

Herzkraft aktivieren

Wir können unsere Herzkraft bewusst aktivieren. Je mehr wir auf die Stimme unseres Herzens achten, desto besser können wir auf ihre Kraft und Führung zugreifen. Intelligenz und Intuition nehmen zu, wenn wir stärker auf unser Herz hören. Sobald wir lernen, die Botschaften zu entschlüsseln, die unser Herz uns sendet, stärken wir unser Wahrnehmungsvermögen. Das benötigen wir, um unsere Emotionen in den Herausforderungen des alltäglichen Lebens effektiv, kreativ und lösungsorientiert zu managen.

Je mehr wir auf unsere Herzkraft achten und ihr folgen, desto geübter und ausgewogener werden unsere Emotionen. Ohne den führenden Einfluss des Herzens hingegen werden wir leicht zu Opfern von Affekten. Wir lassen unser Verhalten und unsere Handlungen ungewollt von unseren Emotionen wie Wut, Angst und Scham sowie von zu viel Nachdenken und unseren Gewohnheiten steuern.

Unsere Herzkraft ist stark, wenn wir …

… wissen, was zu uns passt.
Eine starke Herzkraft zeigt sich durch ein gutes Gefühl für sich selbst. Wir sollten unsere Bedürfnisse erkunden und kennen, um zu wissen, was uns guttut, erfüllt und glücklich macht – und was nicht. Dafür dürfen wir unsere ganz eigenen Kriterien entwickeln, die uns beflügeln und uns helfen, intuitiv die richtigen Entscheidungen zu treffen. Dieses Wissen um unsere eigenen Bedürfnisse ist pure Macht. Nur so können wir loslassen, zulassen und Grenzen setzen. Daran können wir uns in unserem Leben orientieren.

… uns mit den richtigen Menschen umgeben.
Menschen mit einer ausgeprägten Herzkraft haben ein gutes Gefühl für die Menschen, mit denen sie sich umgeben. Sie wissen, ob sie gern viele Menschen um sich haben, ob ihnen ein guter Freund reicht und welche Person sie in bestimmten Situationen brauchen. Sie haben nicht nur ein gutes Gespür für verschiedene Charaktere, sondern auch für Stimmungen – sowohl für die eigene als auch für die anderer. Ihre Menschenkenntnis täuscht sie nicht. So umgeben sie sich zwangläufig nur mit Menschen, die ihnen guttun und mit denen sie gern Zeit verbringen. Alle Begegnungen sind für sie ein Geschenk und keine reine Pflichterfüllung.

… vertrauen können.
Vertrauen ist eine wichtige Basis für alle Beziehungen in unserem Leben. Warum wir einer Person vertrauen, können wir nicht logisch erklären – die Antwort liegt in unserem Herzen. Unser Herz zeigt uns, auf wen wir uns verlassen können und wer ehrlich zu uns ist. Miss-

trauen führt nur dazu, dass wir das auch ausstrahlen und uns selbst ausbremsen. Wer einmal enttäuscht wurde, dem fällt es schwer, Vertrauen zu fassen. Er merkt oft nicht, welche Chancen er dadurch verpasst. Doch wer optimistisch durch das Leben geht, nicht nur anderen, sondern auch sich selbst vertraut, der macht neue, spannende Erfahrungen, trifft interessante Menschen und verfügt über eine innere Ruhe und Gelassenheit.

… unsere Kräfte gezielt einsetzen.

Die Kraft und Energiereserven jedes Menschen sind endlich und begrenzt. Jeder Tag hat nur 24 Stunden. Unser Verstand sagt uns, was wir erledigen müssen, und schreibt uns ellenlange To-do-Listen. Um im Meer der Aufgaben nicht unterzugehen, priorisiert unser Herz sie nach Gefühl. So arbeiten wir die Liste nicht einfach von oben nach unten und nach zeitlicher Dringlichkeit ab, sondern nach unserer persönlichen Wichtigkeit. Wir stecken mehr Energie in die Aufgaben, die uns am Herzen liegen. Wenn wir unsere Kräfte bündeln und fokussieren, statt sie zu vergeuden, gewinnen wir nicht nur Zeit, sondern können unsere Aufmerksamkeit auch auf Dinge lenken, für die es sich wirklich lohnt zu kämpfen. Dabei können wir viel von unseren Kindern lernen. Sie folgen viel mehr ihrem Herzen. Sie beschäftigen sich intuitiv mit Dingen, die es in ihren Augen wert sind. Alles andere nehmen sie kaum zur Kenntnis oder empfinden es als unwichtig.

… dankbar sind.

Im Alltag vergessen wir sehr schnell, wofür wir alles dankbar sein können. Dabei sind es oft die kleinen Dinge, die wir uns bewusst machen müssen, um leichter, beschwingter, fröhlicher und aktiver durch das Leben zu gehen. Wenn wir dankbar sind, dann entwickeln wir einen tiefen Sinn für die Schönheit des Lebens, schöpfen Kraft auch aus den kleinsten Dingen und können nicht nur anderen, sondern auch uns selbst wichtige Wertschätzung entgegenbringen. So erkennen wir, dass jede Erfahrung, ob nun gut oder schlecht, unser Leben bereichert und uns voranbringt.

... vergeben können.
Enttäuschungen kennt wohl jeder und jeder weiß, was sie mit uns machen. Sie bremsen uns aus. Sie blockieren uns. Sie machen uns traurig und verletzlich. Wir verdrängen schlechte Erfahrungen, um uns zu schützen – und schaden uns dadurch am Ende oft noch mehr. Denn solange wir unangenehme, nicht verarbeitete Erlebnisse in unser Unterbewusstsein sperren, so lange tragen wir sie auch als unsichtbaren Ballast mit uns herum. Dadurch nehmen wir uns selbst die Möglichkeit, daran zu wachsen, uns auf etwas Neues einzulassen und uns oder etwas zu verändern. Wir sollten uns und anderen vergeben können, damit wir unserer eigenen Energie nicht beraubt werden. Vergeben ist so wichtig – nicht nur für den, dem vergeben wird, sondern vor allem für den Vergebenden.

... unsere Träume leben.
Wir alle haben Träume. Und mag ein Traum noch so unrealistisch sein, so sagt er doch etwas über uns aus – und das können wir versuchen umzusetzen. Wer zum Beispiel davon träumt, im Lotto zu gewinnen, träumt eigentlich von finanzieller Stabilität und Unabhängigkeit oder ist mit der Art und Weise, wie er sein Geld verdient, unzufrieden. Beide Probleme sind durchaus realistisch lösbar – auch wenn sie viel Veränderung und einen wahren Kraftakt bedeuten können. Aber so ist es, wenn wir unsere Träume leben wollen: Es reicht nicht, dass wir darauf warten, dass ein glücklicher Zufall unser Leben ändert – wir müssen unser Glück schon selbst in die Hand nehmen, damit Träume Wirklichkeit werden.

Team statt Gegenspieler

Kopf, Herz und Bauch sind keine Gegenspieler, sondern sie bilden bestenfalls ein Team. Das Ziel ist ein ausgeglichener Zustand von Bewusstsein, Erkenntnis und Intuition, den wir erreichen können, wenn wir Verstand und Emotionen in Balance mit unserem Herzen bringen. Wenn es uns so gelingt, die drei Entscheidungszentren in Einklang zu bringen, können wir die Kraft aller nutzen und uns leichter entscheiden, Veränderungen vorzunehmen und besser zu meistern.

Sorge, Fürsorge, Fürsorgepflicht

Wenn wir uns um ein Kind kümmern, es erziehen und es lieben, brauchen wir nicht nur Herz, Bauch oder Kopf. Wir brauchen ein zuverlässiges, perfekt abgestimmtes und harmonisches Zusammenspiel dieser starken drei.

UNSER BAUCHGEFÜHL steht für unsere Sorge, das gute oder ungute Gefühl tief in uns, das wir in unterschiedlichsten Situationen haben.

FÜRSORGE ist unsere emotionale Herz-Ebene. Die Frage, warum wir etwas tun, wird damit beantwortet, für wen wir etwas tun. Liebe ist der antreibende Motor unseres Handelns.

UNSERE FÜRSORGEPFLICHT spielt sich in der linken, für Logik zuständigen Gehirnhälfte ab. Sie ist reduziert auf Wissen und Vernunft, Eingebung und Emotionen haben kein Gewicht. Dazu gehört nicht nur, Kinder jederzeit und überall vor Gefahren zu schützen, sondern auch, all ihre Grundbedürfnisse zu befriedigen.

Wenn wir unserer Sorge, Fürsorge oder Fürsorgepflicht nicht nachkommen, dann gerät unsere Erziehung ins Wanken. Deshalb verinnerliche:

—— **Höre auf dein Bauchgefühl. Folge deinem Herzen. Aber nimm deinen Kopf mit!** ——

Nie wieder Ratgeber

Es gibt Eltern, die lesen in ihrem ganzen Leben keinen einzigen Erziehungsratgeber – und ihre Kinder wachsen dennoch zu glücklichen Erwachsenen heran. Diese Eltern vertrauen auf ihre Intuition. Doch würde man sie danach fragen, wäre das Ergebnis wohl, dass auch sie ihre Vernunft und ihren Verstand bei der Erziehung zu Rate ziehen.

Intuition oder Ratgeber?

Manche Eltern haben ganze Stapel von Ratgebern zuhause und saugen die Informationen auf wie ein Schwamm. Eine gute Eltern-Intuition verbietet Ratgeber auch nicht, Ratgeber haben durchaus ihre Berechtigung. Sie sind notwendig, wenn wichtiges Erfahrungswissen als Grundlage für Intuition fehlt oder wenn unvorhersehbare oder unerwartete Probleme auftauchen, auf die Eltern nicht vorbereitet sind.

Im Leben mit Kindern können Probleme vielfältig sein: Stillprobleme, Schreikinder, extreme Wutanfälle, Hypersensibilität, Mobbing usw. – es ist nicht schlimm und auch normal, wenn wir als Eltern einmal nicht weiterwissen. Wichtig ist dann, zu wissen, wo wir Hilfe finden.

Sich Hilfe zu holen und holen zu können, ist ein Privileg unserer heutigen Gesellschaft, das wir auch gern nutzen dürfen. Welche Hilfe und Ratschläge wir schließlich annehmen, ist allerdings uns selbst überlassen. Wir dürfen uns nicht von anderen verunsichern oder fremdbestimmen lassen, sondern sollten nur auf die Tipps setzen, die sich für uns richtig und passend für unsere Familie anfühlen. Dafür müssen wir unsere eigenen Bedürfnisse und die unserer Familienmitglieder kennen.

Abgleichen statt blind vertrauen

Problematisch ist es, wenn wir Ratgeber »einfach mal ins Blaue« konsumieren, besonders bei der Flut von Ratgebern heutzutage. Moderne Eltern kommen Tag für Tag mit einem Überangebot an den verschiedensten Erziehungsmodellen und -ansichten in Büchern, Printmedien, Blogs und sozialen Netzwerken in Berührung.

Doch es gibt nicht nur eine sehr große Vielfalt von Ratgebern, die vielen unterschiedlichen Publikationen widersprechen sich in der Regel gegenseitig. Jeder Ratgeber hat den Anspruch, es besser zu wissen – und muss dafür heutzutage nicht einmal mehr großartige Referenzen aufweisen. Natürlich tun uns verschiedene Perspektiven gut und es ist hilfreich, wenn Fragestellungen so aus den unterschiedlichsten Blickwinkeln betrachtet werden – aber wie sollen Eltern da noch wissen, was richtig und was falsch ist? Die Antwort darauf können wir nur tief in uns finden, indem wir uns und unsere Liebsten kennen und auf unsere Intuition hören.

Denn wer Probleme sucht, der findet auch welche. Viele Erziehungsratgeber sind genau so geschrieben, dass wir uns darin wiederfinden sollen, schlimmstenfalls schüren sie sogar unsere Ängste, Sorgen und unser schlechtes Gewissen. Wer unreflektiert Ratschläge und Tipps übernimmt, läuft Gefahr, sich selbst und seine Authentizi-

Kindeswohl an erster Stelle

Es gibt eine Nulltoleranz für die Vernachlässigung von Kindern sowie körperliche und emotionale Gewalt an ihnen. So etwas darf niemals vorkommen! Sollte dich dein Bauchgefühl zu irgendeinem Zeitpunkt zu etwas verleiten, was dem Wohl deines Kindes schadet, musst du dir Hilfe suchen. Das ist keine Intuition, sondern ein tiefliegendes psychisches Problem, das von Experten behandelt werden muss.

tät zu verlieren. Funktionieren die Vorschläge in unserer Lebenswelt nicht, haben wir erst recht das Gefühl zu scheitern. Dabei sollten wir uns vielleicht besser fragen, ob die vorgeschlagenen Vorgehensweisen überhaupt zu uns passen.

Wenn wir bei uns bleiben und unser Bauchgefühl aktiv und stark ist, können Tipps und Ratgeber sehr wertvoll sein. Bestenfalls bestätigen sie uns wissenschaftlich und fundiert in unserer intuitiven Erziehung und schenken uns so die Stärke und das Selbstbewusstsein, auf dem richtigen Weg zu sein.

Kopf und Bauchgefühl gehören zusammen

Intuitive Erziehung ist niemals ein Freifahrtschein für willkürliches und unkontrollierbares Elternverhalten. Vielmehr versteht sich Eltern-Intuition als Chance, entspannter im Umgang mit den eigenen Kindern zu werden.

Wir finden mit mehr Bauchgefühl nicht nur zu uns selbst, sondern machen uns auch frei von Fremdbestimmung. Wer weiß, dass er Nein sagen darf zu allem und zu jedem, zu äußeren Einflüssen und »gutgemeinten« Ratschlägen, der befreit sich von diesem gesellschaftlichen Druck, der so schwer auf unseren Schultern lasten kann.

Vernunft und Intuition können nicht voneinander getrennt werden. Wir alle haben eine logisch-analytisch arbeitende Gehirnhälfte und eine emotional-intuitiv geprägte. Beide sind stets da – und bestenfalls sogar gleichberechtigt.

Wenn wir mehr auf unsere innere Stimme hören und sie in Einklang mit unserem Verstand bringen, hat das einen positiven Einfluss auf unser ganzes Familienleben. Bei einer funktionierenden Erziehung gehen Bauchgefühl und Herz, Vernunft und Verstand Hand in Hand. Sie stehen nicht in Konkurrenz zueinander, sondern bedingen einander sogar. Wir treffen die besten Entscheidungen, wenn all unsere Schaltsysteme aktiv sind: der Bauch, das Herz und der Kopf. Auch bei einem zuverlässigen Bauchgefühl sollten wir unsere Vernunft nicht außer Acht lassen.

Die Macht des Wissens

Es gibt definitiv Situationen, in denen Wissen Macht ist. Dann ist es absolut notwendig, dass wir unseren Kopf einschalten und unser Bauchgefühl außen vor lassen. Neueltern sollten sich intensiv mit Säuglingspflege und Erster Hilfe auseinandersetzen, um diese im Bedarfs- und Notfall blitzschnell und korrekt – wiederum mit Hilfe ihrer Intuition – abrufen zu können.

Unsere Intuition soll keine Profis und Experten ersetzen. Bei Krankheiten brauchen Kinder Ärzte, bei Entwicklungsstörungen spezielle und zielgerichtete Förderung. Unsere Intuition ist immer nur eine Vorahnung, aber niemals eine Diagnose. Sie kann uns lediglich sagen: Jetzt ist es Zeit, zum Arzt bzw. zum Profi zu gehen, irgendwie entwickelt sich mein Kind anders, vielleicht könnte mein Kind Unterstützung gebrauchen.

Nur Experten können in solchen Fällen unser Bauchgefühl bestätigen. Selbstdiagnosen übersteigen unsere Kompetenzen, wenn wir nicht gerade selbst vom Fach sind. Aber selbst dann empfiehlt sich eine fremde, objektive Meinung.

Regeln und Grenzen

Eltern-Intuition heißt nicht Erziehen ohne Regeln und Grenzen. Regeln sind für ein intaktes und harmonisches Leben sowie für ein Zurechtfinden in unserer Gesellschaft absolut notwendig – aber nicht um der Regel willen, sondern weil die Regel ganz individuell zur Familie passt.

Bei Eltern-Intuition gibt es kein Patentrezept, das Eltern an die Hand gegeben werden kann. Hier heißt es nicht: »Tu das, dann passiert das«, sondern »Finde deinen eigenen Weg.« Finde individuelle Problemlösungen, die zu dir und deiner Familie passen. Lass dir nicht hineinreden, suche die Antworten nicht in Büchern oder im Internet, sondern bleibe bei dir, bleibt bei euch.

Intuitive Eltern

Vermutlich würden fast alle Eltern angeben, dass sie sich bei der Erziehung ihrer Kinder auf ihr Bauchgefühl verlassen. Doch diese Aussage sei einmal kritisch hinterfragt. Wir alle müssen unsere innere Stimme immer wieder anzweifeln. Wir sollten uns fragen, ob unser vermeintlich aktives Bauchgefühl wirklich das wiedergibt, was wir tief in uns wollen, oder ob wir unter Druck von außen stehen und/oder einer alten Gewohnheit nachgehen. Beides darf nicht mit Intuition verwechselt werden.

Auch unsere Erwartungen können unser Bauchgefühl trügen, besonders wenn wir das Gefühl haben, ein Problem zu erkennen. Frage dich dann: Ist es wirklich ein Problem oder werden meine Erwartungen nicht erfüllt? Schreit mein Baby wirklich außerordentlich viel? Oder habe ich nur die Vorstellung, dass andere Kinder weniger weinen?

Viele Eltern halten sich für intuitiv. In vielen Situationen mögen sie es auch sein. Die Frage ist trotzdem, ob auch intuitive Eltern das volle Potenzial ihrer Intuition ausschöpfen. Denn unsere Intuition lässt sich stärken und trainieren – dafür ist ein grundlegendes Bewusstsein für Intuition die beste Ausgangslage.

Intuition verzweifelt gesucht

»Hör auf dein Bauchgefühl« – das ist oft leichter gesagt als getan. Aber was ist, wenn wir verzweifelt nach Antworten in uns suchen, dort aber einfach keine Antwort finden? Fehlt uns der sogenannte Mutterinstinkt, wenn wir einfach nicht wissen, wie man einen Säugling badet, ein schreiendes Baby beruhigt oder einem trotzigen Kleinkind bestimmt, aber dennoch liebevoll seine Grenzen aufzeigt? Schließlich wird uns so oft suggeriert, dass wir doch von Natur aus alles dafür in uns tragen, um uns um unsere Kinder zu kümmern.

Auch wenn die Evolution tolle Mechanismen geschaffen hat, durch die wir unsere Kinder scheinbar instinktiv versorgen, sind Eltern keine Naturtalente – auch wenn es bei manchen so wirken mag. Das Elternsein können und müssen wir üben.

Wegweiser Intuition

Ein zuverlässiger Wegweiser in einer für uns neuen Eltern-Welt voller Ängste, Sorgen und Verantwortung ist unsere innere Stimme. Sie leitet uns – auch durch Phasen, in denen wir erst einmal nicht weiterwissen. Sie sagt uns, dass sich (noch) alles gut und im Rahmen befindet oder dass wir überfordert und so überlastet sind, dass wir uns

Hilfe suchen sollten. Wann dieser Punkt erreicht ist, kann und darf uns niemand Fremdes sagen.

Nur, weil es für Oma ein Problem ist, dass du dein Kind pausenlos trägst, muss es das nicht auch für dich so sein. Vielleicht fühlst du tief in dir, dass dein Kind diese Nähe braucht. Anders sieht es aus, wenn dir das Tragen zu viel wird, wenn dein Rücken schmerzt, du der Verzweiflung nahe bist und Wege suchst, dein Kind abzulegen. Dann liegt nicht nur der erste Schritt zur Hilfesuche bei dir, sondern auch die Entscheidung, wem du vertraust. Du kannst und darfst frei wählen, wer dich beraten darf: Verwandte, Freunde oder Experten. Allein deine Intuition ist der Weg heraus aus jeglicher Fremdbestimmung. Sie ist dein ganz persönlicher und höchst individueller Weg, den du aber nicht allein gehen musst.

Stichwortverzeichnis

A
Achtsamkeit 92
Affekt 16, 35
Affirmationen 88
Angst 47
Aufmerksamkeit 141, 148
Authentizität 32, 46

B
Bauchgefühl 14, 15, 23, 27, 161
Beobachtungen 98, 100, 102

D
Dankbarkeit 155

E
Ehrlichkeit 45
Emotionen 56, 91
Entspannung 52, 69
Erfahrung 134, 138
Erpressung 108, 146
Erziehung 23, 37
Erziehungsratgeber 27, 29, 159, 160

F
Fantasiereisen 69
Fehler 32, 35, 135, 136

G
Gefühle 56, 56, 149
Gewohnheit 25, 43

H
Hausaufgaben 135
Helikoptereltern 100
Herzkraft 152, 153

I
Inkubation 19

Instinkt 15
Intuition 12, 14, 15, 17, 18, 21, 41, 47, 165

K
Komfortzone 46
Kommunikation 115, 116
Kreativität 67, 70, 121, 123
Kritik 113
Körperkontakt 110

L
Langeweile 44, 91
Liebe 152
Limbisches System 15
Loslassen 54
Lüge 58

M
Mantras 88

N
Neokortex 15

R
Regeln 106
Rituale 77, 106

S
Schimpfen 144
Selbstbewusstsein 50, 51, 52, 113
Selbstvertrauen 50, 52
Spontanität 78
Spracherwerb 117
Stille 44
Strafe 146
Stress 151

T
Traumreisen 69
Träume 156

U
Urvertrauen 39, 113

Ü
Übungen
– Antworten in sich finden 85
– Assoziationsketten 65
– Aufträge an das Unterbewusstsein 87
– Der Erfinder 70
– Der Gedankenzuhörer 64
– Der Geschichtenerzähler 72
– Der Traumdeuter 75
– Der Wahrsager 80
– Die innere Uhr 77
– Die Intuitions-Ampel 67
– Entweder – oder 78
– Fitnessstudio für die Sinne 61
– Fragen an das Unterbewusstsein 84
– Freies Malen 73
– Freies Schreiben 72
– Futter für das Unterbewusstsein 74
– Gefühlsorte 56
– Intuitionstagebuch 63
– Kopfblockaden 60
– Lügen und Betrügen 59
– Mantras und Affirmationen 88
– Mindmaps 81
– Momentaufnahme mit allen Sinnen 102
– Mustergültig 67
– Stummfilm 80
– Urlaub im Kopf 69

V
Vergebung 136, 156
Verlässlichkeit 108
Vernunft 14, 25
Vorbilder 109, 141

W
Wahrheit 58
Wahrheitspunkt 59
Werte 106, 109

Z
Zweifel 60

Liebe Leserin, lieber Leser,

hat Ihnen dieses Buch weitergeholfen? Für Anregungen, Kritik, aber auch für Lob sind wir offen. So können wir in Zukunft noch besser auf Ihre Wünsche eingehen. Schreiben Sie uns, denn Ihre Meinung zählt!

Ihr TRIAS Verlag

kundenservice.thieme.de
Lektorat TRIAS Verlag, Postfach 30 05 04, 70445 Stuttgart

/trias.tut.mir.gut   /mama.mag.trias   /trias_verlag   /triasverlag   www.trias-verlag.de/newsletter

Bibliografische Information der Deutsche Nationalbibliothek
Die Deutsche Nationalbibliothek verzeichnet diese Publikation in der Deutschen Nationalbibliografie; detaillierte bibliografische Daten sind im Internet über http://dnb.d-nb.de abrufbar.

Programmplanung: Katja Liese, Kathleen Rother
Projektmanagement: Annalena Müller
Redaktion: Ursula Brunn-Steiner, Vaihingen/Enz
Bildredaktion: Christoph Frick
Umschlaggestaltung: © Thieme
Layout: CYCLUS · Visuelle Kommunikation, Stuttgart

Bildnachweis
Umschlagmotiv: © sewcream/stock.adobe.com
Autorinnenfoto: Friedrich Brüggemann
Fotos im Innenteil: S. 10: © TheMagicalLab/stock.adobe.com; S. 22: © drubig-photo/stock.adobe.com; S. 40: © Kostia/stock.adobe.com; S. 96: © BlueOrange Studio/stock.adobe.com – Stock photo. Posed by models; S. 150: © Robert Kneschke/stock.adobe.com – Stock photo. Posed by models; S. 158: © Iryna/stock-adobe.com– Stock photo. Posed by models.
Zeichnung: Susi Schaaf, Bellheim

Die abgebildeten Personen haben in keiner Weise etwas mit dem Thema zu tun.

1. Auflage 2022
© 2022. Thieme. All rights reserved.
TRIAS Verlag in Georg Thieme Verlag KG,
Rüdigerstraße 14, 70469 Stuttgart,
Germany
www.trias-verlag.de

Printed in Germany

Satz und Repro: Cyclus · Media Produktion
Druck: AZ Druck und Datentechnik GmbH, Kempten
Gedruckt auf chlorfrei gebleichtem Papier

ISBN 978-3-432-11461-3

Auch erhältlich als E-Book:
eISBN (ePub) 978-3-432-11462-0

1 2 3 4 5 6

Wichtiger Hinweis: Wie jede Wissenschaft ist die Medizin ständigen Entwicklungen unterworfen. Forschung und klinische Erfahrung erweitern unsere Erkenntnisse. Ganz besonders gilt das für die Behandlung und die medikamentöse Therapie. Bei allen in diesem Werk erwähnten Dosierungen oder Applikationen, bei Rezepten und Übungsanleitungen, bei Empfehlungen und Tipps dürfen Sie darauf vertrauen, dass Autoren, Herausgeber und Verlag haben große Sorgfalt darauf verwandt, dass diese Angaben dem Wissensstand bei Fertigstellung des Werkes entsprechen. Rezepte werden gekocht und ausprobiert. Übungen und Übungsreihen haben sich in der Praxis erfolgreich bewährt.
Eine Garantie kann jedoch nicht übernommen werden. Eine Haftung des Autors, des Verlags oder seiner Beauftragten für Personen-, Sach- oder Vermögensschäden ist ausgeschlossen.
Das Werk, einschließlich aller seiner Teile, ist urheberrechtlich geschützt. Jede Verwendung außerhalb der engen Grenzen des Urheberrechtsgesetzes ist ohne Zustimmung des Verlages unzulässig und strafbar. Das gilt insbesondere für Vervielfältigungen, Übersetzungen, Mikroverfilmungen oder die Einspeicherung und Verarbeitung in elektronischen Systemen.
Marken, geschäftliche Bezeichnungen oder Handelsnamen werden nicht in jedem Fall besonders kenntlich gemacht. Aus dem Fehlen eines solchen Hinweises kann nicht geschlossen werden, dass es sich um einen freien Handelsnamen handelt. Wo datenschutzrechtlich erforderlich, wurden die Namen und weitere Daten von Personen redaktionell verändert (Tarnnamen). Dies ist grundsätzlich der Fall bei Patienten, ihren Angehörigen und Freunden, z. T. auch bei weiteren Personen, die z. B. in die Behandlung von Patienten eingebunden sind.
Thieme wendet sich gleichermaßen an Menschen jeder Geschlechtsidentität und nennt Autor*innen konkrete Beispiele, wie sie alle Lesenden gleichberechtigt ansprechen können. Die Ansprache an Menschen ist ausdrücklich auch dort intendiert, wo im Text (etwa aus Gründen der Leseleichtigkeit, des Text-Umfangs oder des situativen Stil-Empfindens) z. B. nur ein generisches Maskulinum verwendet wird.

TRIAS, einer der führenden Ratgeberverlage im Bereich Gesundheit, gehört zur Thieme Gruppe, marktführender Anbieter medizinischer Fachinformationen und Services. Anspruch der Thieme Gruppe ist es, den im Gesundheitswesen tätigen Berufsgruppen sowie allen an Gesundheit Interessierten genau die Informationen und Angebote bereitzustellen, die sie in einer bestimmten Arbeitssituation oder Lebensphase benötigen. Durch die hohe Qualität und zielgruppenspezifische Relevanz der angebotenen Leistungen bereitet Thieme den Weg für eine bessere Medizin und mehr Gesundheit im Leben.

JÜRGEN SCHREIBER

Meine Jahre mit Joschka